PATRICK VERNUCCIO

ÇA POUSSE TOUT SEUL (AU 5e ÉTAGE !)

LAROUSSE

SOMMAIRE

AVANT-PROPOS

« You may say I'm a dreamer,
but I'm not the only one. »

John Lennon

Jamais je n'aurais pensé que ma passion pour le jardinage me conduirait un jour à guider les autres dans cette voie et à écrire un livre sur le sujet. Je dois pourtant l'avouer : au fond de moi, j'en ai toujours rêvé.

Suivons notre instinct et mettons-nous à l'écoute de nos rêves. Dès que nous entreprenons de les concrétiser, nous constatons que d'autres partagent les mêmes aspirations que nous. La passion scelle des liens, elle provoque de magnifiques rencontres, elle nous fait grandir et participe à notre épanouissement.

Cet ouvrage est l'aboutissement d'un long cheminement. Il est né d'une passion, et j'espère qu'il vous incitera à cultiver vous-même vos légumes et vos fruits, y compris si vous ne disposez que d'un petit espace. Accueillons la nature dans nos villes et réinventons cette relation essentielle avec notre nourriture. Nous ne pouvons pas changer le monde en un jour, mais nous avons tous une mission à accomplir sur cette Terre : être créatifs et transmettre le fruit de nos expériences aux générations futures.

Je dédie ce livre à tous les rêveurs et à tous les créatifs de notre merveilleuse planète. À Louis de Funès, qui n'a pas été seulement un acteur remarquable, mais aussi un authentique pionnier du jardinage écologique. À Verena Mayer, du *Süddeutsche Zeitung*, et à Robin Schmidt, du *Berliner Zeitung* : merci à tous les deux pour vos articles inspirants. À Sabine Gudath : merci pour ces splendides photos et cette aventure si captivante. Je remercie chaleureusement Anja pour son soutien indéfectible et son aide précieuse dans mon potager de balcon. Un immense merci, enfin, à mon adorable compagne Junika, pour m'avoir encouragé à suivre mes rêves et assouvir ma passion.

the FRENCHIE GARDENER

THE
Frenchie Gardener
SPREADING GREEN LOVE

COMMENT JE SUIS DEVENU JARDINIER : LE RÉCIT DE MON AVENTURE

Cher lecteur, laissez-moi tout d'abord vous remercier d'ouvrir ce livre. C'est mon deuxième ouvrage, et je suis presque aussi ému que pour le premier. Je vous promets de partager avec vous tout ce que mon expérience m'a appris. J'espère que la lecture de ces pages vous sera aussi utile qu'agréable, et que vous rejoindrez bientôt la joyeuse communauté qui pratique le jardinage urbain écologique d'un bout à l'autre du monde. Si vous tenez cet ouvrage dans vos mains, peut-être l'avez-vous acheté parce que vous souhaitez véritablement cultiver vos fruits et légumes sur votre balcon ou votre terrasse. À moins que vous veniez de le découvrir dans une librairie ou une bibliothèque et que vous hésitiez encore à l'emporter chez vous : ai-je vraiment envie de me lancer dans le jardinage ? Si oui, ce livre me sera-t-il utile ? Peu importe la raison pour laquelle vous avez ouvert ce livre : prenez le temps de le lire, et que sa lecture soit bénéfique pour vous !

Voici venu le moment de me présenter. Je m'appelle Patrick et j'ai une quarantaine d'années. Je suis né et j'ai grandi en France, à Paris, puis j'ai vécu à Amsterdam, et maintenant à Berlin. Comme vous peut-être, je n'ai jamais eu beaucoup de contacts avec la nature, sauf à l'occasion de week-ends passés de temps à autre chez mes grands-parents. À leurs côtés, j'ai appris que les produits proposés sur les marchés locaux, fraîchement récoltés et cultivés de manière écoresponsable, étaient beaucoup plus sains et savoureux que ceux des supermarchés.

J'ai compris un jour que je n'avais jamais approfondi ma relation avec la nature parce que la vie dans les métropoles est dictée par le travail et le stress. À chaque instant, nous avons quelque chose à planifier – comment aller d'un point A à un point B, par exemple –, et une décision à prendre rapidement, que ce soit dans les commerces ou ailleurs. La vitesse, et la pression sociale qui va avec, s'impose à nous en permanence.

Ce n'est pas notre faute, c'est le milieu urbain qui le veut. Mais comme nous avons décidé de vivre en ville, à nous de trouver des solutions pour nous libérer de cette pression. À travers ce livre, je souhaite vous montrer que même en vivant dans un environnement stressant, au milieu du béton, chacun peut redécouvrir et réinventer cette relation essentielle avec la nature et une nourriture naturelle, dont nous sommes souvent coupés. Inutile de disposer d'un jardin – un petit espace comme un balcon ou une terrasse suffit pour cultiver des fruits et des légumes bio.

L'aventure du jardinage urbain a commencé pour moi tout à fait par hasard, sans la moindre connaissance. À la suite de quelques expériences malheureuses, je m'étais fait à l'idée que le jardinage n'était pas une

activité pour moi. J'avais réussi l'exploit de laisser mourir un cactus que ma tante m'avait confié pendant ses vacances (chère tata, j'en suis encore désolé !). La plupart de mes plantes d'intérieur n'ont jamais survécu très longtemps. Quant au basilic en pot acheté une fois dans un supermarché, il a rendu l'âme au bout de quelques jours. Comment, dans ces conditions, envisager une seule minute que j'étais fait pour le jardinage ? Quelle prétention !

Et puis un jour, au printemps, je me suis rendu dans une jardinerie à la recherche de fleurs pour mon balcon et mes rebords de fenêtre, comme on le fait souvent à cette époque de l'année. À l'entrée, je me suis retrouvé face à un immense rayon de graines de radis, de salades et de tomates, qui a retenu toute mon attention. J'étais partagé entre l'envie et le doute, les questions se bousculaient dans ma tête. Était-ce bien le moment de tenter ma chance (j'occupais alors un appartement avec terrasse à Amsterdam) ? Je n'avais aucune expérience du jardinage et je n'étais pas non plus du genre patient. J'étais persuadé depuis longtemps que je n'avais pas la main verte. Je n'avais jamais mis en terre une seule graine de ma vie et j'envisageais déjà les échecs en série... Et puis, me suis-je demandé, à quoi bon cultiver des salades et des radis qui ne seront jamais aussi beaux que ceux vendus dans le commerce ? Toute cette dépense de temps, d'énergie et d'argent en valait-elle vraiment la peine ?

Et pourtant, ce jour-là, comme tout bon citadin qui fait son shopping le week-end, j'ai cédé à la pulsion de l'achat compulsif (le meilleur de ma vie, sans aucun doute !) : j'ai acheté du terreau, des pots et des graines. Sur le chemin du retour, j'ai réalisé que je ne connaissais strictement rien au jardinage. Je n'avais pas la moindre idée de la manière de procéder et je me suis demandé pourquoi cette activité n'était pas enseignée à l'école. La culture des légumes et des fruits devrait faire partie, selon moi, des compétences de base à acquérir. En lisant les instructions sur les sachets de graines, j'étais assailli d'interrogations. Ces minuscules semences de salade et de radis allaient-elles vraiment donner des laitues pommées et des bottes de radis croquants ? Figurez-vous qu'à l'époque, j'ignorais complètement que les radis ne poussent pas en bottes, mais un par un, comme les carottes. Eh oui, jusqu'alors, je n'avais vu que des bottes de radis dans le commerce... À quoi ressemblent les légumes avant d'être récoltés ? Comment poussent-ils dans les jardins et chez les maraîchers ? Je n'en avais pas la moindre idée.

Bien entendu, dès le départ, j'ai opté pour le jardinage écologique, sans recours aux pesticides ou aux fertilisants artificiels. Je n'allais tout de même pas m'empoisonner volontairement ! Après avoir glané les principales informations sur Internet, je me suis lancé – et ô miracle ! – quelques jours après avoir effectué le semis, j'ai vu les premières graines de salade germer. Je me suis émerveillé devant les frêles tiges et les délicates petites feuilles : quelle émotion ! Quelle victoire aussi : j'avais mis des graines en terre et elles avaient levé ! Ce n'était donc pas si compliqué...

Cette première tentative réussie m'incita tout naturellement à renouveler l'essai avec d'autres espèces potagères, et à approfondir mes connaissances sur les lois de la nature.

À travers ce livre, je souhaite partager avec vous mon expérience du jardinage urbain et vous montrer clairement, avec des explications simples, comment vous pouvez métamorphoser un espace restreint en ville en un foisonnement coloré de plantes, en une oasis paisible qui s'apparente pour vous à un petit paradis. Un paradis qui, espérons-le, vous offrira une variété de fruits et de légumes sains et savoureux, que vous consommerez aussitôt récoltés. Du balcon à la table... Ce livre ne donne pas seulement de précieux conseils sur les principes fondamentaux du jardinage en milieu urbain. Il contient aussi des informations détaillées sur les fruits et les légumes qui peuvent être cultivés sur un balcon ou une terrasse – dans des pots, des jardinières ou des tables de jardinage. Faites-moi confiance : un potager dans un petit espace urbain, c'est possible, tout à fait réalisable – facile, même – et à la portée de tous !

Nous avons en effet tous la main verte, alors tentons l'expérience !

LE JARDINAGE URBAIN

peut changer votre vie

NOUS AVONS TOUS
LA MAIN VERTE

Les découvertes archéologiques ont montré que l'homme du Néolithique cultivait des variétés de blé et d'autres plantes, qu'il nourrissait le bétail avec des céréales et qu'il récoltait le fumier pour fertiliser les champs et augmenter les rendements. Les premiers agriculteurs sont apparus sur Terre il y a 11 000 ans. Il est impossible d'évaluer à sa juste mesure l'impact de cette prodigieuse avancée sur la société et l'évolution en général. Parmi les principales conséquences, le nomadisme a cédé la place à un mode de vie sédentaire. Le développement de l'agriculture a en effet permis à l'homme de s'établir. C'est seulement à partir du moment où il a eu suffisamment de denrées à sa disposition, sans avoir besoin de partir chaque jour en quête de nourriture, que les sociétés ont pu se développer. La culture des produits alimentaires par l'homme a constitué un pas décisif dans la naissance de la civilisation.

Avec l'explosion de la population mondiale et l'augmentation de la demande en produits alimentaires, les agriculteurs sont devenus dépendants de l'industrie agroalimentaire, qui exerce sur eux un contrôle strict. Elle leur impose des normes et toutes sortes de directives qui augmentent leur production, mais qui s'accompagnent de pratiques discutables pour notre santé et pour l'environnement. Soyons clairs : ce système conduit la plupart des agriculteurs à la ruine. Nous avons abandonné un droit fondamental et nous avons cédé le monopole des cultures à l'industrie agroalimentaire. Pour preuve, dans beaucoup de pays, la production de la nourriture n'est pas enseignée à l'école. Je me souviens avoir étudié la reproduction des plantes en cours de SVT, mais le sujet était traité de manière très théorique, avec des espèces que je trouvais inintéressantes. Pour un enfant comme moi, qui était né et avait grandi en ville, les cours de biologie étaient pourtant le seul moyen de sensibilisation à la nature et à l'environnement.

Je m'étonne que la production de la nourriture ne fasse pas partie des enseignements fondamentaux à l'école, ce qui m'amène tout naturellement à la question suivante : se peut-il que la société fasse en sorte que nous ne sachions pas comment produire nous-mêmes nos aliments, parce que nous consommerions moins ? Si c'est véritablement le cas, il nous appartient de nous réapproprier ce droit fondamental. Cultiver nos fruits et nos légumes, et comprendre comment ils poussent, est indispensable pour les apprécier à leur juste valeur et apprendre à respecter le contenu de nos assiettes.

Lorsque l'on s'occupe de plantes, on finit toujours par avoir la main verte. Beaucoup d'entre nous sont persuadés qu'ils n'en sont pas dotés, parce qu'ils ont eu quelques expériences malheureuses. En réalité, la main

verte est inscrite dans nos gènes. Nous avons tous la capacité de faire pousser nous-mêmes nos fruits et nos légumes.

Un conseil : ne vous laissez surtout pas décourager par les échecs ! Je vais vous expliquer pourquoi. Prenons l'exemple du basilic. Tout d'abord, sachez que la plupart des variétés de basilic sont annuelles, et à nos latitudes, les températures sont vite trop basses pour elles. La plante naît, se développe et meurt la même année. Cela n'a rien à voir avec nous ni avec nos capacités de jardinières ou de jardiniers, c'est son cycle naturel. Ensuite, le plant de basilic vendu en pot dans les supermarchés n'est pas conçu pour durer ou pour continuer à pousser. Il a été forcé pour être vendu et consommé immédiatement. Enfin, peut-être avez-vous essayé – comme moi – de le placer à l'extérieur dans une jardinière, sur un rebord de fenêtre, sans savoir que les nutriments contenus dans le terreau s'épuisent au bout de six semaines en moyenne. Ensuite, il faut le fertiliser. Or les restes de vin et les mégots de cigarettes déposés dans la jardinière à l'occasion d'une soirée festive ne se transforment pas miraculeusement en fertilisants !

Personne ne nous ayant enseigné comment cultiver nos aliments et développer notre main verte, il est donc tout à fait normal que nous commettions des erreurs. Pourtant, avec quelques connaissances de base et un peu de pratique, nous pouvons mettre à profit le potentiel que nous offre notre main verte. Quelle saison est la plus propice à la culture de tel ou tel légume ? Comment procéder pour maintenir le terreau de ma jardinière en bonne santé, pour qu'il soit suffisamment riche en nutriments ? À quel endroit dois-je placer telle espèce de fruit ou de légume pour lui assurer un développement optimal, une bonne fructification ? Cette plante a-t-elle besoin de beaucoup de soleil ou de beaucoup d'eau ?

Bonne nouvelle : il n'est jamais trop tard pour commencer à jardiner ! En respectant certains principes fondamentaux et en osant mettre les mains dans la terre, nous comprenons vite que nous pouvons faire pousser presque tout, y compris sur un petit balcon. La nature est riche d'enseignements. Prenons le temps de l'observer et de nous adapter à son rythme pour développer notre main verte !

FI DU SUPERFLU, RETOUR À L'ESSENTIEL

Un peu partout dans le monde, la crise du Covid-19 s'est traduite par des défis majeurs pour les nations, mais aussi pour nous en tant qu'individus. Vue sous un angle positif, cette crise a généré une remise en question de nos modes de vie. Elle a mis en lumière les dangers de nos comportements consuméristes et la nécessité urgente de protéger notre planète pour nous et pour les générations futures.

Beaucoup d'entre nous ont mis à profit le temps libre qui leur était accordé au titre du chômage partiel pour se lancer dans de nouvelles activités, par exemple manuelles, dans le but de se reconnecter avec eux-mêmes. Certains ont commencé à jardiner pour approfondir leur relation avec les aliments qu'ils consomment. Cette dimension de la nourriture est très importante : n'est-ce pas ce que nous mangeons qui nous maintient en vie et en bonne santé ? Ces jardiniers débutants se sont alors retrouvés assaillis de questions : d'où viennent les légumes que j'achète au supermarché ? Comment sont-ils cultivés ? Comment faire pousser moi-même, de manière écologique, les légumes que je consomme ? Comment avoir un comportement respectueux et durable vis-à-vis de la nature ?

Ces questions nous amènent à réfléchir et à adopter des comportements et des modes de consommation plus vertueux. Car nous avons bien entendu la possibilité de contrôler notre propre demande en produits alimentaires. Il est même de notre devoir de citoyennes et de citoyens de modifier nos habitudes de consommation, en refusant d'accepter ce que l'industrie agroalimentaire nous impose depuis des décennies.

Nous avons le choix du changement et le pouvoir de le mettre en place. Si personne n'achète les produits nuisibles pour notre santé et pour celle de notre planète, la demande s'effondrera et les industriels se verront finalement contraints de repenser leurs modèles économiques. Une marque n'est rien sans une certaine visibilité.

Il va de soi que les modèles économiques ne peuvent pas être chamboulés du jour au lendemain. Non pas que nous ne soyons pas convaincus de cette nécessité au fond de nous-mêmes, mais parce que les habitudes ont la vie dure. Nous pouvons pourtant les bousculer et agir chacun à notre échelle pour infléchir le cours des choses. Il suffit de regarder autour de nous pour constater que le changement est en marche. L'engouement pour les produits locaux et de saison ne cesse de croître ; prenons notre destin en main et participons au mouvement ! N'est-il pas meilleur exemple de circuit court que votre balcon ?

CHAQUE SEMENCE EST MAGIQUE

Peut-être n'avez-vous jamais eu l'occasion de semer une graine dans votre vie. Aucune importance ! En ce qui me concerne, j'ai attendu l'âge de 36 ans (il faut du temps pour chaque chose...). Disons-le clairement : effectuer un semis est une expérience unique. Vous décidez du moment et de la manière de le faire (toujours avec de grandes attentes), mais sans jamais savoir quel sera le résultat – et c'est précisément ce qui fait l'intérêt de l'opération ! Un semis dans un sol de qualité équivaut tout simplement à un acte de création : vous donnez naissance à une plante, à un être vivant. Vous êtes à l'origine d'un magnifique processus au sein de notre écosystème naturel.

Il existe une variété infinie de semences, minuscules comme celles des laitues et des tomates, grosses comme celles des courgettes et des concombres. La taille n'a aucune importance. Une toute petite graine peut engendrer une plante imposante, qui vivra pendant des mois, voire des années, et qui vous apportera de la verdure, des vitamines, mais aussi beaucoup de joie et de satisfaction.

Pour récolter des graines de laitue, laissez un plant en place jusqu'à ce qu'il fleurisse et produise des graines. Attendez qu'elles soient bien sèches pour les récolter.

Pensez à ce plant de fraisier qui vous a offert ses fruits succulents pendant plusieurs années : au départ, ce n'était qu'une minuscule semence que vous avez mise en terre de vos propres mains !

Et la magie ne s'arrête pas là. Car une seule graine engendre à son tour des centaines d'autres graines. Partout autour de nous, les fleurs, les arbustes et les arbres se reproduisent parce que leurs graines se propagent avec l'aide du vent et d'innombrables auxiliaires issus du monde animal.

Je vous propose une mise en pratique en prenant l'exemple de la laitue. Semez huit graines dans une jardinière. Récoltez sept laitues et régalez-vous, en pensant que c'est vous qui les avez cultivées, de manière écologique. Laissez le dernier plant en place. Dès que la température monte et que le soleil brille, cette laitue produit des fleurs, qui donnent ensuite de nouvelles graines. Des centaines de graines – que dis-je, des milliers ! –, que vous pourrez semer pour savourer de nouveau des feuilles fraîches et tendres. C'est cela, le cycle prodigieux de la nature : une seule minuscule graine donne naissance à des milliers d'autres, qui vous dispensent d'acheter de nouvelles semences.

En prenant conscience de ce fabuleux processus, j'ai commencé à me poser des questions. Pourquoi les gens achètent-ils sans arrêt des semences ? Mais aussi : comment le commerce des graines peut-il être un modèle rentable, alors que nous avons la possibilité de les récolter et de multiplier les plantes si facilement ? J'ai découvert alors la différence entre les semences paysannes, issues de variétés anciennes, et les semences hybrides. Une différence abyssale, qui influe naturellement sur le résultat des récoltes et sur la qualité du contenu de votre assiette !

SEMENCES HYBRIDES VS SEMENCES PAYSANNES :
L'INDUSTRIE VS LA NATURE

Les graines hybrides sont issues du croisement de plusieurs variétés. Sur le sachet de graines, on les identifie par la mention F1 figurant à côté du nom de la variété. Pour vous expliquer simplement la manière dont les graines hybrides sont produites, prenons trois variétés de tomates : la variété A, connue pour sa résistance aux maladies et aux nuisibles ; la variété B, qui se conserve très bien ; et la variété C, qui se caractérise par des rendements élevés. Ces trois variétés aux caractéristiques remarquables sont associées pour produire une variété hybride qui deviendra la star des tomates, car elle pousse mieux et plus vite, en donnant de très beaux fruits. Dans ce processus, d'autres facteurs importants passent malheureusement à la trappe. L'ennui, c'est que la nourriture que nous consommons est produite en grande partie avec des graines hybrides.

Dans les semences hybrides, le processus naturel selon lequel les graines continuent à se reproduire de manière identique est interrompu. Les variétés hybrides donnent bien des graines, mais elles ne sont pas reproductibles. En d'autres termes : la génération de graines qui suit celles de la variété hybride F1 ne ressemble pas à ces dernières, car elles associent les caractéristiques des variétés impliquées dans le croisement. Les caractéristiques bénéfiques qui ont conduit au développement de la variété hybride F1 pour produire une tomate d'exception ont disparu, donnant naissance à une deuxième génération hybride. On y retrouve certaines caractéristiques de la variété A et/ou B et/ou C, mais généralement affaiblies, et on est bien loin de la formule initiale « parfaite » pour laquelle on a payé. Pour pouvoir semer de nouveau votre variété de tomates d'exception, vous n'avez donc pas d'autre choix que de repartir dans votre jardinerie et de vous réapprovisionner.

En comprenant cela, on saisit également pourquoi le développement des semences est une activité si lucrative, initiée par l'industrie agroalimentaire. Celle-ci a créé un système hybride qui nous oblige à renouveler sans arrêt les graines, alors que la nature nous offre gracieusement des milliers de graines avec les semences paysannes anciennes. Autre conséquence fâcheuse du développement des graines hybrides : elles appauvrissent considérablement la biodiversité.

Enfin, étant donné que la demande de graines hybrides domine largement le marché des semences, les rayons des jardineries proposent exclusivement des variétés hybrides. Pour quelle raison ? Parce que les puissants groupes semenciers ont très habilement créé un monopole qu'ils contrôlent d'une main de fer. En France, par exemple, ils sont parvenus à imposer un catalogue « officiel », qui recense les semences destinées à être commercialisées. Les jardineries et autres

Ci-contre : la variété de tomate ancienne 'Indigo Rose' a une chair rouge, mais sa peau arbore des couleurs spectaculaires, du violet foncé presque noir au rouge-brun à maturité.

commerces n'ont pas le droit de vendre des graines qui ne figurent pas dans ce catalogue officiel, où les semences paysannes anciennes occupent une toute petite place, comparées aux semences hybrides, qui y sont surreprésentées. Quant aux associations et aux agriculteurs qui proposent des semences paysannes anciennes, on considère qu'ils enfreignent la loi.

Néanmoins, après plusieurs années de combat, la loi du 10 juin 2020 autorise la vente de semences paysannes anciennes aux jardiniers amateurs et aux collectivités, une avancée appréciable, qui laisse en espérer d'autres. Regrettons cependant que l'Union européenne n'ait pas encore validé cette loi. Les lobbyistes seraient-ils toujours aussi actifs ? Si seulement ils pouvaient perdre un peu de leur influence, de sorte que les variétés paysannes anciennes puissent de nouveau prospérer un peu partout ! Elles seules sont en effet garantes de la sauvegarde de la biodiversité sur notre planète.

Pour reprendre l'exemple des tomates, on recense 3 000 variétés paysannes qui sont cultivées actuellement, parmi plus de 15 000 variétés répertoriées à travers le monde. Ces semences paysannes anciennes – toutes différentes par la forme, la taille, la couleur et la saveur – font partie intégrante de notre patrimoine. Un semis est une expérience magnifique, fascinante, et c'est encore plus vrai si le jardinier n'utilise pas de semences hybrides. Des graines d'une variété paysanne ancienne produisent des légumes et des fruits savoureux, mais aussi de nouvelles graines que vous pouvez récolter et semer pendant les années à venir.

En vous livrant ces informations, j'espère avoir éveillé en vous l'envie de faire comme moi : cultiver ces magnifiques variétés anciennes dans votre potager de balcon. Vous pourrez ainsi contribuer activement à la préservation de la merveilleuse diversité des espèces que la nature met à notre disposition.

« Il est grand temps de nous reconnecter à la nature et aux aliments que nous consommons. »

PLUS ROBUSTE ET PLUS BEAU : *QUID* DE LA QUALITÉ ?

Avec la croissance démographique mondiale, les villes s'étendent toujours davantage, tandis que la densité ne cesse d'augmenter. Il a fallu un peu plus de 2 millions d'années pour atteindre le chiffre d'1 milliard d'habitants sur Terre, et 200 ans supplémentaires pour arriver à 8 milliards. Aujourd'hui, 55 % de la population mondiale vivent dans les villes ; en 2050, la proportion sera de 68 %[1]. Ce chiffre est impressionnant, mais également inquiétant, car plus des deux tiers de la population mondiale seront établis dans les zones urbaines, qui poursuivront leur avancée tentaculaire au détriment des zones rurales.

La vie dans les grandes villes est placée en permanence sous le signe du stress. Nous sommes soumis à un rythme effréné, avec des décisions à prendre rapidement, à chaque instant. Épuisés par les journées de travail et pressés de rentrer chez nous le soir, nous faisons nos courses en chemin à toute vitesse. Au supermarché, nous attrapons un Caddie® que nous remplissons de produits industriels faciles et rapides à préparer, et pour nous acheter une bonne conscience, de légumes « frais », parfaitement calibrés et sans défauts. Prenons-nous le temps de nous demander d'où ils proviennent ? Combien de kilomètres ont parcourus ces tomates rouges et brillantes à souhait ? Comment ont-elles poussé : ont-elles été cultivées avec ou sans pesticides ? D'ailleurs, est-ce bien la saison pour manger des tomates ? Et à quel moment de l'année sont-elles cultivées ?

La saisonnalité, c'est bien là le nerf de la guerre. En perdant le contact avec la nature, nous perdons aussi le sens des saisons. Nous sommes habitués à pouvoir acheter n'importe quoi à n'importe quel moment de l'année. Par voie de conséquence, nous sous-estimons la qualité des aliments que nous consommons : nous privilégions leur aspect extérieur à leur saveur et leur qualité nutritionnelle.

1. Prévisions publiées en 2018 par l'Organisation des Nations unies, Division de la population du Département des affaires économiques et sociales (UN DESA).

Les tomates que nous achetons au supermarché sont cultivées dans de gigantesques serres.

L'industrie agroalimentaire doit produire toujours plus et plus vite, tout en offrant des aliments qui se conservent mieux, de sorte qu'après des heures de transport sur des centaines de kilomètres, ils arrivent intacts dans les rayons des supermarchés. Entrent alors en scène les organismes génétiquement modifiés (OGM) et les semences hybrides. Comme nous l'avons déjà souligné, la graine de tomate hybride produit un plant de tomates qui pousse plus rapidement et mieux, qui résiste aux maladies et aux nuisibles. Il donne des tomates « parfaites », bien rondes et d'un beau rouge, qui se conservent plus longtemps. Les industriels ont mis au point de nouvelles méthodes pour cultiver les tomates, même sans terre ! Cela vous paraît surréaliste ? C'est pourtant la réalité. Beaucoup de tomates poussent aujourd'hui hors-sol dans des serres ; leurs racines sont simplement alimentées au goutte-à-goutte avec une solution nutritive.

Nous ne sommes pas contre les avancées technologiques. L'évidence s'impose : pour répondre à la demande de la population en constante augmentation, nous n'avons pas d'autre choix que de produire davantage. Mais savons-nous ce qui se cache dans ces fruits et ces légumes produits artificiellement ?

DE PLUS EN PLUS D'ALIMENTS, DE MOINS EN MOINS DE NUTRIMENTS

Commençons par quelques faits alarmants : en 60 ans seulement, les tomates ont perdu 59 % de leur teneur en vitamine C1, et une pomme contient aujourd'hui 100 fois moins de vitamine C qu'il y a 50 ans[2]. À cette époque, une seule orange suffisait à couvrir nos besoins journaliers en vitamine A. Aujourd'hui, il en faudrait 21 ! Les pommes de terre ont également perdu beaucoup de vitamine A. Quant au brocoli, vous pensez certainement que c'est un légume sain. Eh bien, sachez qu'il contient quatre fois moins de calcium et six fois moins de fer que jadis. Vingt-cinq variétés de légumes analysées ont ainsi perdu 80 % de fer et de calcium.

De nombreuses études, parmi lesquelles celle de Brian Halweil intitulée « *Still no free lunch* », ont mis en lumière une baisse considérable des micronutriments dans les fruits et les légumes[3]. Cette évolution est probablement liée aux modes de culture actuels, mais aussi au fait que l'industrie agroalimentaire favorise certaines variétés et développe des graines hybrides. Les fruits et les légumes poussent plus vite, ils sont plus appétissants et se conservent mieux, mais ils contiennent malheureusement beaucoup moins de micronutriments.

Naturellement, certaines études affirment le contraire ou prétendent qu'il y a 60 ans, on n'avait pas les moyens de mesurer avec précision les quantités de nutriments,

Les légumes que vous cultivez vous-même de manière écologique, à partir de semences anciennes, vous apportent quantité de vitamines importantes.

« Nous produisons et nous mangeons davantage, nos aliments sont plus beaux, mais vidés de leurs nutriments. »

ou que la comparaison n'est pas possible, parce que les analyses ne sont pas effectuées dans les mêmes conditions ou avec les mêmes variétés. On peut considérer les choses sous cet angle, mais nous avons tous la possibilité de juger par nous-mêmes, et nous avons le droit d'avoir notre propre opinion. Personnellement, j'aurais plutôt tendance à faire confiance aux études qui mettent en lumière la diminution des micronutriments. On aura du mal à me faire croire que la qualité, la saveur et la diversité des produits alimentaires ont été améliorées par le recours aux graines hybrides, qui menacent notre biodiversité, ou grâce aux pesticides, qui nuisent à la santé des sols et à la nôtre. L'industrie agroalimentaire poursuit un seul objectif : augmenter les quantités de nourriture en accélérant la production, pour répondre à la demande croissante en produits alimentaires.

La population mondiale croît à une vitesse effrénée, et la nécessité s'impose de produire la nourriture avec davantage d'efficacité. Cela signifie-t-il pour autant que nous sommes obligés de fabriquer nos aliments sans nous soucier de l'impact sur notre santé et sur notre environnement ? Nous nous trouvons à un moment décisif pour sauver la planète et la biodiversité. La production de masse, la recherche de la rentabilité et du profit ne peuvent plus être nos seules motivations dans l'avenir. Il serait beaucoup plus opportun de réfléchir aux possibilités qui s'offrent à nous pour régénérer les sols et les écosystèmes, de nous efforcer de poursuivre un but vertueux, qui serait profitable autant à ceux qui produisent qu'à ceux qui consomment. Aussi utopique que cela puisse paraître, je suis fermement convaincu que cela devrait être notre objectif suprême. Les nutriments que nous absorbons ne devraient pas être sacrifiés sur l'autel de nos modes de vie, nous ne devrions pas avoir à y renoncer. Pour le moment, nous pouvons seulement constater que, en dépit de nombreux signaux alarmants, nous n'avons pas atteint notre objectif.

D'où ma conclusion, à laquelle vous êtes libre d'adhérer ou pas : nous produisons et nous mangeons davantage, nos aliments sont plus beaux, mais vidés de leurs nutriments.

---

2. « Alimentation : la valeur nutritionnelle des fruits et légumes a baissé depuis 50 ans », article d'Anaïs Col, site « Pourquoi Docteur ? » – https//www.pourquoidocteur.fr/Articles/question-d-actu/31696-Alimentation-valeur-nutritionnelle-fruits-legumes-baisse-50-ans
3. « Une pomme de 1950 équivaut à 100 pommes d'aujourd'hui », article d'Amélie Mougey, *L'Obs* – https://www.nouvelobs.com/rue89/rue89-planete/20150126. RUE7557/une-pomme-de-1950-equivaut-a-100-pommes-d-aujourd-hui.html
4. Étude « *Still no free lunch* », de Brian Halweil – https://ucanr.edu/datastoreFiles/608-809.pdf

ALIMENTATION ET BONNES ONDES

La science a pour vocation d'expliquer les choses en s'appuyant sur des faits pour les rendre compréhensibles et prévisibles. Néanmoins, beaucoup de phénomènes ne peuvent être ni mesurés ni prouvés, et je suis également ouvert à des approches moins scientifiques lorsque j'ai le sentiment qu'elles font sens – parce qu'elles me parlent et qu'elles m'offrent une vision de la vie avec laquelle je suis en accord.

C'est ainsi que récemment, un article mettant en lumière le lien entre la nourriture et les vibrations positives a retenu toute mon attention. Le message était clair : plus les aliments que nous consommons sont frais et sains, plus notre taux vibratoire, qui englobe le corps et l'esprit, est élevé. Une personne émet davantage de vibrations ou d'ondes positives si elle consomme des fruits et des légumes bio fraîchement récoltés, qui ont été cultivés dans une terre saine et dans le respect des cycles naturels, que si elle mange des aliments fabriqués de manière industrielle ou achetés dans un fast-food. Pourquoi ? Parce que, dans le second cas, la personne est totalement déconnectée de la nourriture qu'elle engloutit, souvent à toute vitesse – des aliments transformés, qui n'ont pas été produits dans le souci de l'éthique ni de la préservation de l'environnement.

Pour moi, il n'y a pas de doute : un animal mort provenant d'un élevage intensif et auquel on a inoculé des antibiotiques a une fréquence vibratoire peu élevée, comparé à des radis ou à des laitues consommés aussitôt après la récolte, qui ont été cultivés de manière écologique, dans le respect des cycles de la nature. Si vous souhaitez approfondir le sujet, il existe des articles passionnants sur la pyramide alimentaire, qui met en évidence le lien entre la fréquence vibratoire des aliments et leurs effets sur notre environnement. En résumé, c'est la nourriture saine, produite dans le souci de la préservation de la planète, qui a les vibrations positives les plus élevées. Plus nous respectons la Terre, plus elle nous donne en retour : quel bel échange ! Cette théorie, que les Grecs anciens connaissaient déjà, me passionne et me laisse penser qu'il vaut la peine d'entretenir et d'approfondir nos liens avec la nourriture.

Lors de votre prochain repas, réfléchissez au niveau vibratoire du contenu de votre assiette, à l'énergie qu'il vous apporte. Le but n'est évidemment pas de vous faire culpabiliser, mais de vous inviter à prendre conscience de la qualité et de l'importance de ce que vous mangez.

french

ACCUEILLIR LA NATURE DANS NOS VILLES

À Paris, Nature urbaine, la plus grande ferme urbaine en toiture d'Europe, est aménagée sur le toit du hall 6 du parc des Expositions, porte de Versailles.

Il est désormais urgent de rétablir le lien entre la nature et notre nourriture, car il impacte directement nos comportements de consommateurs. Le jardinage urbain peut apporter sa pierre à l'édifice, en faisant entrer la nature dans les villes.

Gardons espoir : un peu partout dans le monde, d'innombrables projets voient le jour, des initiatives de grande envergure sont mises en place pour donner à la nature la place qu'elle mérite dans nos univers de béton. À titre d'exemple, Paris revendique la plus grande ferme urbaine en toiture d'Europe[5]. Sa superficie de 14 000 m^2 équivaut approximativement à celle de deux terrains de football. Son exploitant, la société Agripolis, espère en faire « un modèle de production durable reconnu mondialement ». D'autres villes françaises accueillent également des fermes urbaines.

Le phénomène de l'agriculture urbaine se développe un peu partout dans le monde. Hong Kong voit surgir des cultures en terrasses[6] au milieu de gigantesques gratte-ciels. Dans les villes européennes, les jardins partagés et les jardins familiaux (ou ouvriers) se multiplient, et les circuits courts se déclinent sous de nombreuses formes. Toutes ces initiatives reposent sur un même credo : privilégier les produits locaux, sains et de saison.

Nombre de projets apparaissent sur des friches que l'on souhaite transformer utilement, en végétalisant l'espace urbain. Car ne l'oublions pas, la couleur verte est riche de bienfaits en tout genre. Quantité d'études ont montré que la seule vue du vert se traduit par une sensation de bien-être. Dans notre cerveau, cette couleur est associée à la nature, bien sûr, mais aussi au calme et à l'optimisme, et elle augmenterait notre

L'agriculture urbaine est un très bon moyen d'introduire la biodiversité en milieu urbain et beaucoup de grandes villes l'adoptent (Paris, Hong-Kong, Canton...).

capacité de concentration. On lui attribue même le pouvoir d'influer directement sur le développement des enfants : plus un enfant passe de temps dans la nature, meilleures sont ses capacités cognitives[7]. Pour les citadins, il est donc indispensable de s'extraire de temps à autre de la grisaille ambiante du béton en se réfugiant dans une oasis de verdure au cœur de la ville.

« Accueillons la nature dans nos villes et dans nos vies ! »

5. « *The future of food: inside the world's largest urban farm built on a rooftop* »,*The Guardian* – https://www.theguardian.com/cities/2020/jul/08:the-future-of-food-inside-the-worlds-largest-urban-farm-built-on-a-rooftop
6. « *Rooftop initiative brings farms to Hong Kong skyline* », *Financial Times* – https://www.ft.com/content/114ea900-d64e-11e9-8d46-8def889b4137
7. « *Nature and neurodevelopment: differences in brain volume by residential exposure to greenness* », *Environmental Health Perspectives* – https://ehp.niehs.nih.gov/doi/10.1289/ehp3454

JARDINAGE ÉCOLOGIQUE
DANS DES POTS ET DES JARDINIÈRES

La plupart des citadins ne disposent pas d'un jardin ou d'une cour, et l'accès à une parcelle dans un jardin partagé ou dans un jardin familial n'est pas toujours facile, car les listes d'attente sont parfois longues. Certains ont cependant la chance de posséder un balcon ou une terrasse. Et la bonne nouvelle, c'est que même de minuscules espaces se prêtent au jardinage et peuvent se transformer en petits paradis verts !

Il est tout à fait possible de cultiver des fruits et des légumes sur un balcon ou une terrasse, uniquement dans des pots, des jardinières ou des tables de jardinages, et ce – très important – de manière écologique, sans produits phytosanitaires. Dans un petit espace, le plus grand défi est de décider quelles espèces on va faire pousser. Très vite, on se rend compte que plus on veut cultiver de légumes et de fruits, plus on a besoin de place. On veut aussi essayer de nouvelles variétés, qui prennent elles aussi de l'espace. Pour moi qui pratique le jardinage urbain, l'une des plus grosses difficultés est que j'ai toujours envie de cultiver de nouvelles espèces et de faire de nouvelles expériences. Mais en échangeant avec d'autres jardiniers, j'ai constaté que ceux qui disposent d'un grand jardin sont confrontés au même problème. Eux aussi se sentent limités dans leur espace et souhaiteraient pouvoir multiplier davantage les cultures.

Alors, voici mon premier conseil : contentons-nous de ce que nous avons et faisons en sorte d'en tirer le meilleur profit possible ! D'un bout à l'autre du monde, les exemples ne manquent pas de jardiniers amateurs qui parviennent à cultiver différentes espèces de fruits et de légumes sur une superficie de trois ou quatre mètres carrés seulement, parfois même sur des rebords de fenêtres. Le plus petit espace peut être optimisé pour accueillir des cultures. Il suffit de l'aménager judicieusement (voir p. 46-47).

Pour ceux qui auraient du mal à décider quels fruits et légumes cultiver, pas de problème : la nature le fera à votre place ! Certains ont la chance d'avoir un balcon exposé plein sud, bénéficiant d'un ensoleillement maximal. Mais toutes les plantes n'apprécient pas ce type d'exposition. Certaines supportent le plein soleil, tandis que d'autres préfèrent la mi-ombre, et d'autres encore prospèrent uniquement dans les endroits ombragés.

Au début de l'été, les fraisiers en pots m'offrent leurs fruits exquis. Dès qu'ils sont rouges, je ne résiste pas à la tentation de les cueillir.

Le jardinage sur un balcon comporte des avantages et des inconvénients par rapport au jardinage dans un potager classique. Mettez les premiers à profit, ils surpassent largement les seconds ! Selon moi, l'un des principaux avantages est que les plantes sont beaucoup moins sujettes aux attaques de nuisibles sur un balcon que dans un potager. Certes, vous rencontrerez probablement de temps à autre des insectes importuns sur votre balcon, et vous aurez certainement maille à partir avec ces minuscules et redoutables bestioles appelées pucerons. En revanche, vous n'aurez pas grand-chose à craindre des invasions d'escargots et de limaces, ni des hannetons radicivores, des écureuils et des campagnols chapardeurs ou des taupes qui creusent des galeries dans le sol – pour ne citer que quelques exemples d'animaux nuisibles.

Autre avantage du potager urbain : sa souplesse. On peut déplacer les pots en fonction des besoins des plantes, pour les exposer davantage au soleil, par exemple, ou les placer dans un endroit abrité de la pluie. Sous une averse de grêle ou lors d'une violente tempête, les plantes sont souvent mieux protégées sur un balcon que dans un potager. Les températures étant

Ci-contre : parmi les nombreux légumes que je cultive sur mon balcon, des courgettes énormes (en haut) et des blettes colorées (en bas).

généralement un peu plus élevées en ville qu'à la campagne, en hiver, les gelées sont aussi moins fortes et causent donc moins de dégâts.

On ne peut que se réjouir du retour des ruches et des abeilles dans la plupart des villes, de sorte que les pollinisateurs y sont désormais beaucoup plus nombreux qu'auparavant. Nul doute que les abeilles apprécieront votre jardin ! Elles se délecteront du nectar de vos fleurs et rempliront leur mission essentielle : polliniser les plantes.

Dans le jardinage urbain, il est important de donner à la nature la place qu'elle mérite. Pour pousser correctement, certains légumes doivent développer leur système racinaire en profondeur et ont donc besoin de beaucoup de terre. Mais rien n'est impossible en utilisant judicieusement les pots et autres contenants. J'ai réussi à faire pousser des douzaines de variétés de tomates, huit variétés d'aubergines et de courgettes, quatre de concombres, mais aussi des radis, des salades et des carottes... sans parler des nombreuses espèces d'aromatiques ! Il y a tellement de plantes à cultiver sur un balcon qu'il est impossible de s'ennuyer.

Un autre avantage appréciable est l'aspect financier. Dans un potager de balcon, l'investissement de départ est beaucoup moins important que dans un potager classique. Nul besoin, par exemple, d'acheter des outils onéreux.

Le plus gros point positif, cependant, c'est peut-être que le potager de balcon est toujours situé à proximité de la cuisine. Quelques pas suffisent pour apporter les récoltes sur la table et les partager avec ses proches. Quoi de plus local et de plus sain, finalement, que les produits cultivés sur un balcon ou une terrasse ?

LE JARDINAGE URBAIN : DES ATOUTS INCONTESTABLES

Après la lecture des pages qui précèdent, il est possible que la chanson de Bob Marley vous vienne à l'esprit : « *Get up, stand up! Stand up for your rights!* » Une fois les bonnes graines (paysannes) délicatement mises en terre par votre main verte, il ne vous restera plus qu'à accueillir la nature et la verdure dans votre vie quotidienne – un beau projet plein de promesses !

Le jardinage urbain offre de multiples atouts, que l'on ne soupçonne pas. Dans les pages qui suivent, j'énumère ceux que j'ai pu expérimenter moi-même, sans prétendre en dresser une liste exhaustive. Vous pourrez la compléter à partir de vos propres expériences.

Connaître la provenance de la nourriture

Vous savez comment ont été cultivés les produits que vous consommez : c'est vous qui les avez fait pousser !

Approfondir votre connaissance des fruits et des légumes

Celui qui cultive lui-même ses fruits et ses légumes apprend beaucoup sur la manière dont ils poussent. Certains ont un mode de croissance très particulier. J'ai été très étonné, par exemple, en découvrant celui des endives. Lorsque les produits cultivés par vos soins arrivent dans votre assiette, vous les regardez et les savourez avec davantage de respect et de conscience.

Vivre des expériences gratifiantes

Vous constaterez rapidement que cultiver soi-même des produits alimentaires de manière écoresponsable est une activité très enrichissante. En prenant soin de vos plantes, vous tissez des liens avec ces dernières. En échange de ces soins, elles vous fournissent des fruits, des feuilles et des racines que vous récoltez pour vous nourrir.

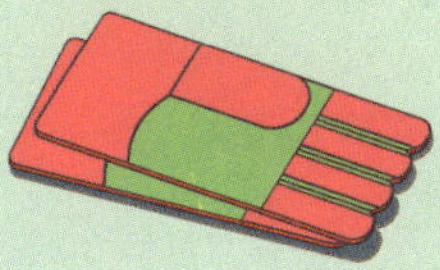

Trouver une source d'épanouissement, éprouver un sentiment d'accomplissement

Quelle satisfaction de récolter les produits que l'on a cultivés et de pouvoir les consommer aussitôt après ! C'est toujours avec une fierté non dissimulée que je cueille quelques tomates pour les préparer en salade, ou que je taille des aubergines et des courgettes en lanières pour les faire griller sur le barbecue. Et que dire de ces bocaux de sauce tomate délicieusement parfumée que j'ouvre au cœur de l'hiver ? Avant de me lancer dans le jardinage, je n'avais jamais confectionné de sauce tomate...

Apprendre à cuisiner différemment

Grâce aux récoltes de votre potager de balcon, vous vous nourrissez plus sainement, avec davantage de conscience écologique. Mais elles vous incitent aussi à cuisiner davantage, à tester de nouvelles recettes. Peut-être allez-vous préparer tel ou tel légume pour la première fois de votre vie ?

Faites confiance à votre main verte...

Manger des produits de saison

Vous avez davantage conscience du rythme des saisons et vous consommez des produits de saison. En hiver, au lieu d'acheter des tomates au supermarché comme tout le monde, vous cultivez une variété de légumes savoureux et nutritifs : carottes, pak-choï, différentes variétés d'épinards, mâche, radis noir, blettes. Il y a tant de légumes de saison à découvrir, y compris en hiver !

Redécouvrir le « vrai » goût des aliments

En cultivant votre potager de balcon, vous retrouvez la saveur authentique des fruits et des légumes. Il y a tant de nuances de goût, de qualité, de texture, de parfum ! Vous allez bientôt renoncer définitivement aux tomates du supermarché, certes d'un rouge éclatant, mais totalement insipides.

Élargir vos connaissances en botanique

Pour obtenir de bonnes récoltes, il faut attirer de précieux auxiliaires, les pollinisateurs. Vous êtes dans une relation gagnant-gagnant avec ces insectes utiles et souvent très séduisants. Ils trouvent de la nourriture dans vos fleurs et ils pollinisent les fleurs de vos plantes, qui vous fournissent à leur tour des fruits et des légumes. Quels beaux échanges ! Ne trouvez-vous pas que la nature est bien faite ?

Transformer les déchets organiques en compost

En jardinant, vous allez vous familiariser avec la pratique du recyclage alimentaire, qui ne va pas manquer de vous étonner. En fabriquant votre compost, vous réduisez les déchets organiques. Dans ce processus, tout est utilisé, rien n'est perdu. En outre, le jus de compost qui en résulte fait un excellent fertilisant pour nourrir le sol et les plantes.

S'adonner à une activité qui fait sens et transmettre son expérience

Le jardinage n'étant pas enseigné à l'école, chaque jardinier urbain joue un rôle essentiel : il transmet son savoir aux jeunes générations et les aide à approfondir leur lien avec la nature.

Lutter contre le stress

Le jardinage urbain est un excellent moyen de lutter contre le stress qu'induit inévitablement la vie citadine. Il permet de s'extraire d'un environnement bruyant et de rompre avec un rythme trépidant, pour se retrouver avec soi-même et se reconnecter à la nature. Il invite à la contemplation et à la réflexion.

Privilégier la qualité sur la quantité

Un potager de balcon ne suffit certes pas pour atteindre l'autonomie alimentaire complète, mais là n'est pas l'objectif. Il s'agit plutôt de privilégier la qualité des aliments que nous consommons, un parti pris qui influe évidemment sur nos comportements de consommateurs et notre relation à la nourriture, mais aussi sur la manière dont nous percevons notre écosystème parfaitement équilibré.

Du fond de mon cœur, je souhaite que vous puissiez vivre toutes ces magnifiques expériences et que vous en découvriez d'autres vous-même en cultivant votre potager de balcon. Dans le chapitre suivant, je vous invite à découvrir les principes fondamentaux du jardinage urbain.

En route pour l'aventure !

CULTIVER DES ALIMENTS BIO EN POTS

Ce que vous devez savoir

LE JARDINAGE URBAIN : PRINCIPES FONDAMENTAUX

Vous trouverez ici les informations et conseils nécessaires pour cultiver vous-même vos fruits et vos légumes. Nous aborderons pas à pas les différents aspects du jardinage urbain, afin d'optimiser vos chances de réussite. Sans doute vous posez-vous de nombreuses questions, telles que celles-ci :

- **Que puis-je cultiver sur mon balcon ou ma terrasse ?**
- **Quels pots et autres contenants utiliser ?**
- **Quels outils me faut-il pour démarrer mon potager ?**
- **Où m'approvisionner en semences potagères ?**
- **Quel terreau choisir ?**
- **Comment arroser mes plantes, et avec quelle eau ?**
- **Comment fertiliser de manière écoresponsable ?**
- **Puis-je produire du compost dans un petit espace ?**

Vous trouverez des réponses à toutes ces questions dans les pages qui suivent. Mais avant d'entrer dans les détails, je vais vous livrer quelques règles de base simples, que j'aurais aimé connaître lorsque j'ai commencé à jardiner !

Tenir compte du climat local

Selon l'endroit où vous habitez, les saisons peuvent être plus ou moins longues. À l'intérieur d'un même pays, les températures varient d'une région à l'autre, voire d'une ville à l'autre. Il est donc essentiel que vous observiez le climat de votre lieu de résidence. Vous pourrez ainsi agir en conséquence, sans suivre à la lettre les conseils des calendriers de jardinage. Vous pouvez retenir la date du début du mois de mai pour repiquer les plants de tomates en extérieur. Mais en fonction de l'endroit où vous vivez, cette date pourra être avancée ou reculée d'un mois. Pour le savoir, profitez de la saison de dormance, en hiver, et renseignez-vous sur Internet. Je développe la question en détail p. 82. Pour l'instant, retenez simplement que le microclimat et le climat de la ville où vous habitez jouent un rôle essentiel pour réussir les cultures dans votre potager de balcon.

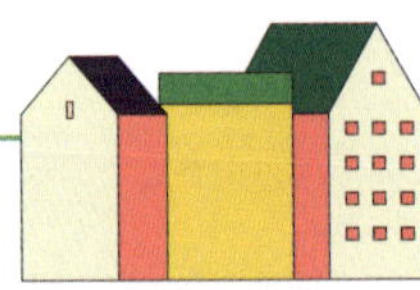

La clé du succès : un terreau riche en nutriments, fertilisé avec des déchets organiques

N'espérez pas obtenir de beaux légumes sans un terreau riche en nutriments. Ce ne sont pas les plantes qui doivent être fertilisées, mais le terreau, qui transmet ensuite les nutriments aux plantes. Il vaut donc la peine d'investir dans un terreau de qualité, de préférence bio, et de l'entretenir. Un terreau neuf perd ses nutriments au bout de six semaines. Ensuite, vous devez le fertiliser pour lui apporter d'autres nutriments.

Des pots bien drainés

Le fond des pots doit être muni de trous pour laisser l'eau s'écouler. Sans trous, le terreau et les racines finissent par pourrir. Un bon drainage est essentiel pour le développement des plantes.

Arrosage : la bonne quantité d'eau au bon moment

L'arrosage est indispensable, mais en prenant soin d'adapter la quantité d'eau aux différentes espèces potagères. Certaines exigent beaucoup d'eau, d'autres moins. L'arrosage doit être effectué tôt le matin ou après le coucher du soleil, jamais en milieu de journée. Ne mouillez pas les feuilles, mais humidifiez le terreau à la base des tiges. Vous trouverez davantage de détails sur l'arrosage p. 54-57.

De l'espace pour grandir

Chaque plante a besoin d'une quantité de terreau déterminée pour se développer dans des conditions optimales. Ni trop ni trop peu. Veillez à adapter la taille des pots aux besoins des plantes.

La qualité plutôt que la quantité

Nous sommes parfois tentés de placer deux plants d'une même espèce dans un seul pot, mais ce genre d'initiative se conclut bien souvent par un échec. Un plant de tomates vigoureux, qui produit de beaux fruits en abondance, est préférable à deux plants qui resteront maigrichons.

Sans fleurs ni pollinisateurs, point de salut !

La plupart des légumes sont produits par des fleurs, qui doivent être pollinisées. Elles permettent également d'attirer les adorables petits insectes responsables de la pollinisation, mais aussi de piéger les nuisibles ! La culture des fruits et des légumes va donc de pair avec celle des fleurs.

Vous connaissez maintenant les principes fondamentaux du jardinage urbain. Poursuivez votre lecture, je développe les différents thèmes en détail au fil des pages qui suivent. N'attendez plus pour créer votre potager de balcon et savourer vos premières récoltes !

ANALYSER ET OPTIMISER L'ESPACE DISPONIBLE

C'est la première étape dans la passionnante aventure du jardinage urbain. Pour démarrer dans de bonnes conditions, prenez le temps de passer en revue l'espace dont vous disposez, en prenant en compte les critères suivants : exposition au soleil ainsi qu'au vent, superficie au sol, espace vertical, accès à l'eau pour l'arrosage.

On peut cultiver des espèces potagères avec succès dans un petit espace, mais une précaution s'impose néanmoins avant de créer votre potager : prenez soin de vérifier si votre balcon ou votre terrasse est suffisamment solide pour supporter le poids des plantations, surtout si vous habitez un immeuble ancien. Une fois remplis de terreau, les contenants – pots, jardinières, tables de jardinage – sont très lourds. Pensez aussi au poids de l'eau dans le terreau.

Tenir compte de l'orientation et de l'ensoleillement de votre balcon

Pour déterminer l'orientation et le taux d'ensoleillement, rien de plus simple : utilisez l'application boussole de votre smartphone. Un balcon orienté sud-est est idéal pour les plantes qui exigent beaucoup de soleil. Si le vôtre est orienté différemment, vous pourrez tout de même y cultiver quantité d'espèces potagères.

Vous venez d'emménager dans votre appartement ? Demandez à vos voisins à quel moment votre balcon reçoit le plus de soleil selon les saisons. Si c'est l'hiver ou le début du printemps, essayez d'anticiper les changements à venir au cours des prochaines saisons. En début d'année, il est possible que le soleil n'atteigne pas votre balcon, mais en été, il sera plus haut dans le ciel et il y restera plus longtemps. Votre balcon et vos cultures bénéficieront alors d'un bon ensoleillement.

Un arbre pousse en face de votre balcon ? Pensez au feuillage en été et à l'ombre qu'il projettera sur votre potager. C'est important pour choisir les espèces que vous cultiverez.

Pour obtenir des informations plus précises, consultez le site gratuit SunEarthTools, très pratique. Vous entrez votre adresse et le mois de votre choix, et vous obtenez l'heure du lever et du coucher du soleil, ainsi que sa position dans le ciel.

Mesurez l'espace disponible et essayez d'évaluer son potentiel pour y créer un potager : quel coin reçoit le plus de soleil, quelle partie est plus ombragée ? De ce premier bilan dépend l'aménagement de votre balcon.

Optimiser l'espace vertical

La surface au sol est un élément incontournable de l'espace dont vous disposez pour créer votre potager, et elle est généralement limitée. Essayez d'estimer le nombre de pots que vous pourrez placer sur le sol. Mais pensez aussi à l'espace vertical – les murs, les rambardes, peut-être une palissade de séparation avec le balcon de votre voisin. C'est un élément essentiel à prendre en considération pour aménager votre potager. Réfléchissez au nombre de pots que vous pourrez poser sur des étagères ou suspendre par des cordes au plafond. Tout cet espace vertical que l'on n'utilise pas pour soi (parce qu'on ne peut pas s'y asseoir ou y marcher) offre des possibilités insoupçonnées pour faire pousser des plantes, à condition d'être exploité judicieusement. Voilà comment un minuscule espace de trois mètres carrés au sol suffit pour accueillir quantité de plantes !

Examiner les possibilités d'accès à l'eau

Votre balcon dispose-t-il d'un robinet d'eau ? Si oui, c'est parfait ! Sinon, pas de problème, à condition que vous ayez un robinet à proximité en intérieur, dans la cuisine ou ailleurs. Il existe des embouts adaptables sur le robinet d'une cuisine, que l'on peut raccorder à un tuyau d'arrosage. Ce système vous facilitera grandement la vie en été. Si ce n'est pas possible, il y a bien sûr la solution du bon vieil arrosoir de 10 litres, qui reste une valeur sûre !

Estimer l'exposition au vent

Le vent peut être votre allié pour polliniser les plantes, mais il peut aussi devenir votre pire ennemi lorsqu'il souffle trop fort. Essayez de déterminer si votre balcon est exposé aux courants d'air et si le vent peut y être violent. Si oui, prenez les mesures qui s'imposent dès le départ pour préserver vos plantes : attachez-les à des treillis ou à des tuteurs en bambou, ou protégez-les avec des filets brise-vent.

Si vous avez la chance d'avoir un coin bien abrité sur votre balcon, profitez-en pour y placer les plantes les plus fragiles. En hiver, il sera moins exposé au gel et elles seront mieux protégées.

QUE PUIS-JE CULTIVER SUR MON BALCON OU MA TERRASSE ?

J'ai une bonne nouvelle pour vous : vous pouvez faire pousser à peu près tout ce que vous voulez dans des contenants : légumes-racines (carotte, navet, radis) ; légumes-feuilles (épinard, blette, salade) ; légumes-fruits et fruits (tomate, fraise, physalis), et même des espèces potagères qui prennent de la place (chou-fleur, fenouil, courgette, aubergine, brocoli). Et pour chacune de ces espèces, ne trouvez-vous pas fantastique que l'on continue à découvrir des variétés paysannes anciennes ?

C'est l'ensoleillement de votre balcon qui détermine ce que vous pouvez cultiver ou non. D'accord, les plantes ont besoin de lumière et de soleil, mais en quelle quantité ? Les besoins varient d'une espèce à l'autre, et on distingue trois catégories, grâce auxquelles vous sélectionnerez les espèces que vous pourrez cultiver sur votre balcon.

Plein soleil = au moins 6 heures de soleil direct.
Le plein soleil offre les conditions optimales pour faire pousser des légumes d'été (tomates, aubergines, poivrons, courgettes ou concombres), mais aussi des plantes aromatiques (basilic, coriandre, thym, aneth, fenouil et sauge).

Mi-ombre = au moins 3 heures de soleil direct et pas plus de 6 heures.
Une exposition mi-soleil mi-ombre permet de cultiver des tomates cerises. Elle peut également convenir aux courgettes et aux aubergines, mais sans garantie de réussite. De toute façon, ces deux espèces ne pousseront jamais aussi bien qu'en plein soleil. En revanche, la mi-ombre est idéale pour les pois, les radis, les salades, les pommes de terre, les navets et le brocoli. Certaines plantes aromatiques peuvent aussi s'en accommoder : ciboulette, coriandre, persil, romarin, menthe.

Ombre = moins de 3 heures de soleil direct, mais plusieurs heures de soleil indirect ou diffus, par exemple à travers le feuillage des arbres.
Même avec peu de soleil direct, on peut cultiver la plupart des légumes-feuilles (salade, chou kale, blette, épinard), mais aussi des légumes-racines tels que les carottes et les radis, et même les pommes de terre. Cette exposition convient également à la mélisse officinale, au persil ou aux fraises des bois. Si la totalité de votre balcon est exposée plein soleil et que vous souhaitez cultiver des espèces qui affectionnent l'ombre, vous devrez les protéger en été pour éviter qu'elles ne souffrent trop.

EXEMPLE D'AMÉNAGEMENT POUR VOTRE POTAGER DE BALCON

Les facteurs à prendre en compte pour créer votre potager de balcon n'ont plus de secrets pour vous : soleil, vent, point d'eau, espace vertical. Il ne vous reste plus qu'à dessiner un plan en optimisant l'espace.

L'illustration de la page ci-contre montre un exemple d'aménagement pour un balcon d'une superficie de 6 m^2 (3 x 2 m). Il permet d'installer trois pots suspendus, six jardinières, deux bacs, huit pots et trois tables de jardinage dans un espace restreint. L'emploi judicieux de la verticalité libère de la place au sol, et votre rêve de petit paradis vert au cœur de la ville devient réalité ! Voici quelques conseils pour y parvenir :

- **Disposez les plantes de sorte qu'elles bénéficient d'un ensoleillement maximal en fonction de leurs exigences.**

- **N'oubliez pas que, contrairement aux planches d'un jardin, les contenants peuvent être déplacés selon les besoins.**

- **Pensez à exploiter la rambarde et les murs du balcon pour y installer des plantes. Vous gagnerez ainsi un espace appréciable au sol.**

- **Placez les tomates à l'arrière-plan, de sorte qu'elles reçoivent le maximum de soleil tout en étant protégées de la pluie.**

- **Les laitues ont besoin de place : optez pour des tables de jardinage à mi-ombre.**

- **Utilisez l'espace sous les tables de jardinage pour des pots ou pour le rangement.**

- **Les jardinières sont idéales pour les fleurs, qui attirent les pollinisateurs et préservent la biodiversité, mais aussi pour les fraisiers.**

- **En dessous des jardinières, des bacs peuvent accueillir des carottes ou du chou kale, qui préfèrent la mi-ombre.**

- **Les pots suspendus, de préférence petits, sont parfaits pour les plantes aromatiques.**

- **Si votre balcon dispose d'une descente de gouttière, raccordez-la à un récupérateur d'eau. Sinon, récupérez l'eau de pluie dans un seau ou un arrosoir à l'aide d'une chaîne de pluie.**

Légendes du schéma ci-contre :

❶ Pots suspendus
❷ Jardinières
❸ Robinet
❹ Bacs
❺ Pots
❻ Tables de jardinage

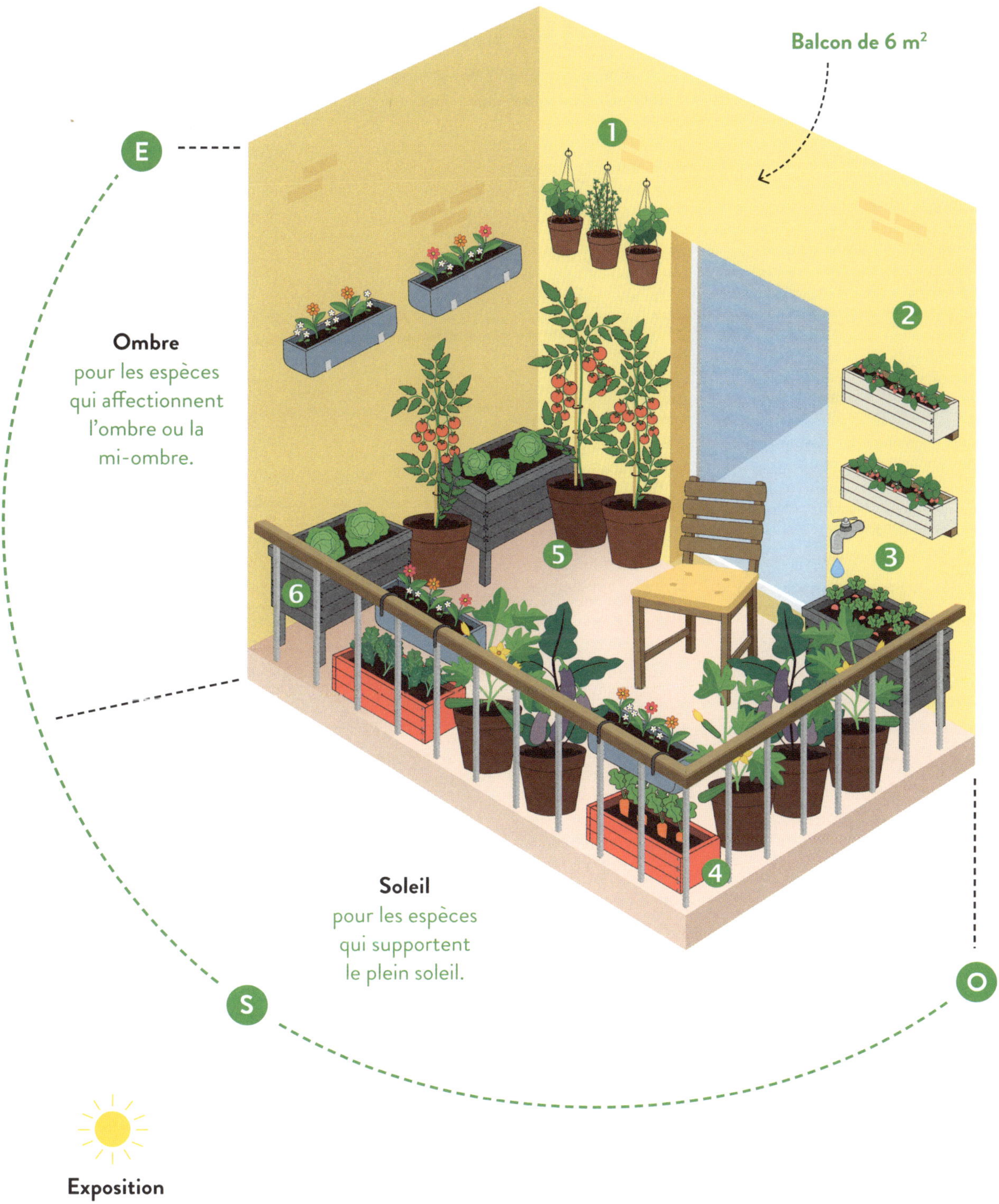
Balcon de 6 m²
E
1
2
3
4
5
6
Ombre
pour les espèces
qui affectionnent
l'ombre ou la
mi-ombre.
Soleil
pour les espèces
qui supportent
le plein soleil.
S
O
Exposition

RÈGLE N° 1 POUR UN POTAGER SAIN : UN SOL DE QUALITÉ

Impossible de contourner cette règle : sans un sol riche, n'espérez pas obtenir de bons résultats. Un sol de mauvaise qualité, c'est tout simplement une perte de temps et d'énergie, car rien ne poussera comme vous le souhaitez. Inutile d'investir dans un outillage et du matériel onéreux pour votre potager de balcon, mais impossible de faire des économies sur le terreau : sa qualité doit être une priorité.

Je reviens sur la question de la main verte, que j'ai évoquée dans la première partie de ce livre. Beaucoup de jardiniers amateurs prétendent ne pas avoir la main verte, mais en réalité, la plupart des échecs sont dus à l'emploi d'un terreau de mauvaise qualité.

On estime généralement qu'un terreau neuf conserve ses nutriments pendant environ six semaines. Pour garantir aux plantes une croissance optimale, on doit donc nourrir le terreau en lui apportant de nouveaux nutriments. Rappelons à ce sujet que c'est le terreau qu'on fertilise, pas les plantes. Le fertilisant doit d'abord être absorbé et digéré par les micro-organismes présents dans le sol, avant que les nutriments soient assimilés par les plantes.

Mais qu'entend-on exactement par un sol « de qualité » ? Prenez une poignée de terreau dans votre main et analysez-le en le malaxant. S'il est rugueux, lourd ou compact, vous pouvez en déduire qu'il n'est pas sain. En revanche, s'il est léger et grumeleux, il s'agit d'un bon terreau, parce qu'il est aéré. Il respire, il absorbe l'eau et l'évacue de manière efficace.

Différents terreaux pour différents usages

Oubliez le terreau universel, bon marché, vendu dans les grandes surfaces. De nombreux types de terreaux sont proposés à la vente, chacun destiné à un emploi particulier : pour le gazon, les rosiers, les agrumes, les arbustes, etc. Ces différents terreaux ont des composants, des caractéristiques et des propriétés ciblés pour certaines catégories de végétaux. Pour cultiver des fruits et des légumes, vous aurez besoin d'un terreau adapté aux besoins de ces espèces. Il existe ainsi des terreaux spécialement conçus pour les plantes aromatiques.

Choisir un terreau utilisable en agriculture biologique

Dans la mesure du possible, procurez-vous un terreau écologique, portant le label AB sur l'emballage. Il est plus que probable que vous vouliez faire pousser vos fruits et vos légumes dans un terreau sain, qui ne soit pas dénaturé par l'ajout de substances chimiques. La liste des composants figure sur l'emballage : vous pouvez donc vérifier que le terreau ne contient pas de produits dangereux pour la santé et l'environnement. S'il est certifié et compatible avec l'agriculture biologique, c'est encore mieux.

Quels sont les composants d'un terreau bio ?

Un terreau bio se compose de substances minérales et organiques telles que la tourbe, l'argile, le sable, les fibres et le compost. Toutes ces substances sont essentielles pour obtenir un terreau sain et fertile. À ce sujet, j'attire votre attention sur le fait que beaucoup de terreaux pour plantes et fleurs contiennent de la tourbe, composant connu pour sa capacité élevée de rétention de l'eau. Néanmoins, des études ont montré que l'exploitation de la tourbe dans les tourbières libère d'énormes quantités de CO^2 dans l'atmosphère et contribue au réchauffement climatique. Sans parler de la destruction des tourbières, qui se régénèrent très lentement et qui sont des milieux à haute valeur écologique, car elles hébergent des variétés de faune et de flore rares.

La tourbe peut être remplacée avantageusement par des fibres de bois ou de coco. La fibre de coco entre de plus en plus souvent dans la composition des terreaux pour plantations. Elle est issue de la bourre de coco, l'enveloppe fibreuse qui entoure la noix de coco.

Ne pas confondre terreau et substrat

Au moment de l'achat, faites attention à ne pas choisir un substrat à la place du terreau (leurs emballages se ressemblent). Quelle est la différence ? Faisons simple : le terreau est la base pour cultiver les plantes, tandis que le substrat s'ajoute dans le terreau pour l'enrichir. Aux jardiniers débutants, je recommande un substrat bio prêt à l'emploi, enrichi avec un amendement.

Il y a fort à parier que la pratique du jardinage éveillera votre curiosité en la matière. En vous informant, vous pourrez bientôt préparer vous-même votre terreau. Et vous entendrez sûrement parler du fumier. Ce mélange fermenté est très intéressant pour nourrir le sol, car il libère les nutriments lentement. Cela vaut la peine de se renseigner pour approfondir la question.

Le pH du sol, brève introduction

Qu'est-ce que le pH du sol ? Ne vous affolez pas : rien de bien compliqué ! Avant de poursuivre votre lecture sur la création d'un potager de balcon, j'aimerais vous dire quelques mots sur cet aspect important du sol. Il n'est pas nécessaire de maîtriser complètement le sujet lorsque l'on débute dans le jardinage, mais il peut être utile d'en connaître les rudiments. Et puis, il faut bien satisfaire votre curiosité !

Comme le pH de l'eau, on mesure le pH du sol, c'est-à-dire son degré d'acidité ou d'alcalinité. Un pH 7 est neutre ; un pH inférieur à 7 indique un sol acide ; un pH supérieur à 7, un sol alcalin.

Retenez simplement ceci : plus le pH est bas, plus le sol est acide. Lorsque vous achetez un terreau, il a généralement un pH neutre, compris entre 6,5 et 7,5. Avec le temps, cependant, cette valeur peut évoluer en raison de différents facteurs, comme le pH de l'eau d'arrosage. Si vous arrosez principalement vos plantes avec de l'eau de pluie, le terreau gagne en acidité et le pH diminue. En revanche, si vous utilisez l'eau du robinet, le terreau devient plus alcalin et le pH augmente.

Pourquoi le pH du sol est-il important ?

Le pH du sol influe directement sur la croissance des plantes. Nombre d'espèces potagères – les pommes de terre, par exemple – poussent beaucoup mieux dans un sol acide (elles apprécient un sol dont le pH est compris entre 4,5 et 6). D'autres, comme le poireau ou les épinards, préfèrent un sol alcalin, ou basique, dont le pH se situe entre 6 et 8.

Le principal avantage d'un sol légèrement acide, c'est que les plantes absorbent mieux les nutriments et les assimilent plus rapidement. Par chance, la plupart des fruits et des légumes courants s'accommodent d'un pH compris entre 5,5 et 7,5. C'est par exemple le cas des tomates, des concombres, des carottes, des courgettes et des poivrons. Si vous démarrez votre potager avec un terreau frais, son pH restera dans ces valeurs pendant quelques mois. Vous pourrez analyser ensuite plus précisément le pH de votre terreau. Pour plus de détails à ce sujet, reportez-vous à la page 56.

La vie cachée du sol

La qualité d'un sol ne tient pas seulement aux éléments qui le composent. Les organismes qui y vivent participent également à sa fertilité. Il y a bien sûr toutes les espèces que l'on peut observer à la surface : insectes, araignées et autres petites bestioles de toutes sortes.

Ci-contre : un sol bio riche est la condition numéro 1 de la réussite dans votre potager. Ne lésinez pas sur la qualité du terreau !

Mais il y a aussi – beaucoup plus important – toute la vie que l'on ne perçoit pas au premier coup d'œil, car elle se cache à l'intérieur du sol. En effet, dans un sol sain se développent des micro-organismes essentiels tels que les champignons et les bactéries. Et en fouillant un peu le sol, vous y trouverez peut-être même des vers de terre !

Réjouissez-vous si avec un peu de chance, vous découvrez un ver de compost. La première fois que j'en ai trouvé un, j'ai sauté de joie ! Je n'aurais jamais pensé que la vue d'un ver dans mon potager déclencherait une telle réaction… Pourquoi ? Parce que la présence de vers de compost dans un sol indique qu'il est sain. Ces organismes d'aspect insignifiant sont en réalité d'une importance capitale. Premièrement, ils aèrent le sol, qui respire mieux. Deuxièmement, ils se nourrissent de matière organique et participent à sa dégradation pour la formation de l'humus, riche en éléments nutritifs et indispensable. Il en résulte un or vert d'une valeur inestimable, le lombricompost.

Cet engrais bio à l'état pur contient les meilleurs nutriments organiques que vous puissiez donner à vos plantes, et il se fabrique tout seul dans les pots ! Mais cela nécessite un peu de temps avant d'en arriver là, et il vous faut d'abord accomplir votre travail : fabriquer vous-même votre compost ainsi que les bons fertilisants organiques.

GREEN
LOVE

« La clé du succès au potager : un sol riche et sain, qui favorise la vie et enrichit la biodiversité. »

L'EAU, L'OR BLEU : COMMENT ARROSER ?

L'eau est la base de la vie, sa condition indispensable. Il suffit de penser aux recherches menées dans l'espace : lorsque les scientifiques partent en quête de signes de vie sur d'autres planètes, ils cherchent en premier lieu la présence d'eau, que ce soit sous une forme solide ou liquide. On suppose que certaines planètes cachent de l'eau glacée sous la surface (c'est par exemple le cas de Mars). Lorsque nous serons en mesure de prélever des échantillons et de les analyser, nous pourrions faire des découvertes étonnantes. Mais avant de nous tourner vers les autres planètes, intéressons-nous de plus près à la nôtre ; elle en vaut largement la peine !

Sur notre merveilleuse Terre, nous avons la chance d'avoir de l'eau sous une forme solide, mais également liquide, et qui plus est, en abondance : 71 % de la surface de notre planète est recouverte d'eau sous la forme d'océans, de mers, de lacs, de fleuves et de cours d'eau.

En dehors de l'eau que nous buvons pour nous hydrater, nous en consommons chaque jour pour de multiples usages, souvent dans des quantités considérables. Pensons à tous nos besoins quotidiens : la cuisine, le brossage des dents, les douches, la lessive, la vaisselle, le nettoyage des toilettes, etc. On estime que chaque foyer européen consomme en moyenne 144 litres d'eau par personne et par jour[8], ce qui est énorme. Nos chères plantes ayant besoin d'eau elles aussi pour grandir et pour vivre, nous devrions surveiller un peu plus notre consommation. Une grande partie de l'eau que nous consommons au quotidien peut être réutilisée pour les plantes, d'autant plus qu'elle apporte des nutriments dans le sol. Mais concentrons-nous pour l'instant sur l'arrosage.

Comment arroser ?

J'ai appris à arroser en jardinant avec mon grand-père, à la campagne. Je me souviens que je prenais un malin plaisir à entortiller le tuyau d'arrosage, si bien que pas une goutte d'eau n'en sortait, ce qui mettait toujours mon grand-père en colère (toutes mes excuses encore, papy, de t'avoir fait enrager à ce point !). Lorsque j'étais un peu plus grand, il me confiait parfois la mission de l'arrosage, et je m'amusais à mouiller les feuilles parce que je les trouvais beaucoup plus belles ainsi, mais aussi dans l'espoir de voir apparaître des arcs-en-ciel. Chaque fois, mon grand-père me rappelait à l'ordre : « Patrick, arrête d'arroser les feuilles ! »

8. European Environment Agency (Agence européenne pour l'environnement) : La consommation d'eau en Europe.

Depuis, j'ai bien intégré la règle : on évite de mouiller les feuilles et on arrose à la base des tiges, cela pour trois raisons :

- L'arrosage est plus efficace, car l'eau ne tombe pas à côté du pot.

- Lorsque les feuilles sont mouillées, beaucoup d'espèces – notamment les tomates et les courgettes – développent des maladies comme le mildiou. Les agents pathogènes, des champignons, abîment les feuilles et peuvent finalement provoquer la mort de la plante.
- Sous le soleil, les gouttes d'eau qui tombent sur les feuilles créent un effet de loupe et provoquent des brûlures.

Alors, pensez-y : arrosez toujours à la base des tiges. Vos plantes vous en seront reconnaissantes !

À quel moment de la journée arroser ?

La réponse est simple : jamais en pleine journée, surtout en été, lorsqu'il fait chaud. L'eau s'évapore rapidement ; c'est donc du gaspillage. Sous un soleil ardent, le sol se réchauffe, et le contact avec l'eau froide peut provoquer un choc thermique, qui risque d'endommager les racines des plantes.

Les meilleurs moments de la journée sont le matin, au lever du soleil, et le soir, après son coucher. Certaines théories privilégient le matin ; essayez les deux, le matin et le soir, et jugez par vous-même. L'arrosage peut paraître contraignant, et pour certains, c'est même une corvée. Personnellement, je l'envisage comme une parenthèse bienvenue dans la journée, qui m'invite à la détente et à la contemplation, en observant la croissance de mes plantes. Pour moi, notamment en été, le rituel de l'arrosage est comme une séance de méditation, qui m'apaise et m'offre l'occasion de me reconnecter avec moi-même et avec la nature.

Ci-contre : arrosez à la base des tiges, en prenant soin de ne pas mouiller les feuilles.

Quelle quantité d'eau dois-je donner à mes plantes ?

Chaque espèce a des besoins spécifiques en la matière. L'arrosage est aussi une question d'équilibre, comme tout ce qui touche à la nature. Un excès d'eau est généralement néfaste pour les plantes, mais un manque n'est pas bon non plus. Lorsqu'elles ont besoin d'être arrosées, les plantes se signalent à notre attention. Leurs feuilles flétrissent, s'enroulent, perdent leur texture. Il faut alors agir au plus vite. En général, j'enfonce un doigt dans le terreau pour vérifier. Lorsque ce n'est pas seulement la surface qui est sèche, mais également le sol en dessous, il est grand temps d'arroser.

Encore un conseil important : lorsque le sol est sec, n'arrosez jamais avec un fertilisant ! Versez d'abord de l'eau pure, et ajoutez le fertilisant un peu plus tard, à condition que ce soit nécessaire. Dans la dernière partie du livre, j'indique les besoins en eau des différentes espèces de fruits et de légumes.

Quelle est la meilleure eau pour les plantes ?

La question fait débat parmi les jardiniers : on entend tout et son contraire ! Certains prétendent qu'il faut utiliser uniquement de l'eau de pluie, d'autres sont beaucoup plus nuancés. Je vais vous présenter les différents arguments pour que vous puissiez vous faire votre propre opinion. Je vous donnerai aussi un exemple pour illustrer mon propos.

Les raisons ne manquent pas pour privilégier l'eau de pluie. Naturelle, écologique, économique, elle contient aussi des nitrates en petite quantité – des ions de la famille de l'azote, que les plantes utilisent comme nutriments et qui sont précieux pour le développement des parties vertes. Légèrement acide, l'eau de pluie abaisse le pH du sol, ce qui favorise la libération des micronutriments.

A contrario, l'eau du robinet, souvent alcaline, élève le pH du sol. Elle peut également contenir du fluor ou du chlore, des substances qui sont bénéfiques pour l'homme, mais pas pour les plantes.

Pour prendre votre décision en toute connaissance de cause, renseignez-vous au préalable sur la composition de votre eau du robinet. Elle varie beaucoup d'une région à l'autre et d'une ville à l'autre. À titre d'exemple, je vous propose ci-dessous une comparaison entre deux villes.

Analyse de l'eau à Amsterdam et à Berlin

À Amsterdam, où je vivais auparavant, l'eau du robinet est douce : elle contient peu de calcium et de magnésium. En revanche, à Berlin, où je réside actuellement, elle est dure et a une teneur élevée en calcium et en magnésium. Cet exemple montre bien que la composition de l'eau potable peut varier du tout au tout.

À Amsterdam, les précipitations sont abondantes ; les plantes reçoivent régulièrement de l'eau de pluie et le sol est plutôt acide. Je constatais souvent des carences en calcium et en magnésium chez mes plantes. Lorsque de nouvelles feuilles apparaissaient, elles étaient petites, elles jaunissaient et s'enroulaient. Je suppose que cela tenait à la composition de l'eau du robinet, avec laquelle je les arrosais, et qui ne contenait pas les nutriments nécessaires. À Amsterdam, quelle que soit la composition de l'eau d'arrosage, le sol gagnerait à recevoir des apports de calcium et de magnésium sous la forme de fertilisants et de substrat.

À Berlin, en revanche, l'eau du robinet contient du calcium et du magnésium. Il peut être intéressant d'arroser en alternance avec de l'eau du robinet et de l'eau de pluie pour améliorer l'équilibre entre le pH et les nutriments. Attention cependant : un excès de calcium et de calcaire peut entraîner la formation d'une « barrière » autour des racines, qui empêchera les plantes d'absorber d'autres nutriments.

Comme vous le voyez, il n'y a pas une seule réponse, valable pour tous les potagers, à la question du choix de l'eau d'arrosage. Tout dépend de l'endroit où l'on habite. Il est donc indispensable de se renseigner sur la composition de l'eau du robinet auprès des services compétents. Pour cultiver des fruits et des légumes sur votre balcon ou votre terrasse, essayez de peser le pour et le contre en fonction des informations que vous possédez.

Si vous souhaitez connaître le pH de votre sol, vous pouvez vous procurer un test de qualité de terre sur Internet ou dans un magasin spécialisé. Vous pouvez également mesurer celui de l'eau du robinet à l'aide de bandelettes conçues à cet effet.

Un récupérateur d'eau est la solution idéale pour collecter l'eau de pluie.

Comment récupérer l'eau de pluie ?

L'eau de pluie a l'avantage d'être gratuite, et c'est aussi la plus naturelle du monde. Vous avez donc tout intérêt à la récupérer. Mais comment ? Voici quelques suggestions :

- **Baril, citerne, récupérateur d'eau :** si vous avez la chance d'avoir une terrasse de grandes dimensions, optez pour un grand récipient : il vous permettra de récupérer des quantités importantes d'eau de pluie. Dans la mesure du possible, il sera muni d'un système de fermeture, comme un couvercle, pour protéger l'eau des larves de moustiques. Un récupérateur d'eau n'est pas la solution la plus économique ni celle qui prend le moins de place, mais l'investissement en vaut largement la peine à long terme. Attention, un grand modèle sera trop lourd pour un balcon de petites dimensions.

- **Chaînes de pluie :** si vous ne disposez que d'un espace restreint, rien ne vous empêche de collecter l'eau de pluie. Placez par exemple votre arrosoir à l'endroit voulu, de sorte qu'il reçoive le plus d'eau possible.

Personnellement, j'ai un faible pour les chaînes de pluie, une solution simple et bon marché, qui allie aspect pratique et esthétique. On les suspend à une gouttière ou à un avant-toit, à un endroit où l'eau de pluie s'accumule. L'eau coule le long de la chaîne et tombe dans un arrosoir ou tout autre récipient que l'on place à l'extrémité. Nées au Japon, les chaînes de pluie se déclinent dans une grande variété de modèles et apportent une note décorative dans un potager de balcon.

- **Récipient recyclé :** n'importe quel récipient de grande contenance peut convenir pour récupérer l'eau de pluie. Prenez soin de le recouvrir lorsqu'il ne pleut pas. Vous pourrez également y verser l'eau de vos activités quotidiennes, que vous recyclerez ainsi avantageusement.

Réutiliser l'eau de vos activités quotidiennes

En plus de l'eau de pluie que la nature met gracieusement à votre disposition, pensez aux quantités d'eau

Si vous manquez de place sur votre balcon, les chaînes de pluie allient l'aspect pratique à l'esthétique.

que vous consommez quotidiennement. Vous pouvez en récupérer une bonne partie pour arroser vos plantes. Voici quelques exemples :

- **L'eau de cuisson des œufs :** elle est idéale pour l'arrosage, en prenant soin de la laisser refroidir au préalable, bien sûr. N'arrosez jamais les plantes avec de l'eau bouillante !

- **L'eau de l'aquarium :** utilisez-la telle quelle, les excréments des poissons apportent des nutriments dans le sol. La technique, connue sous le nom d'aquaponie[9], permet de cultiver des légumes en utilisant comme engrais les déjections de poissons.

- **L'eau de cuisson des légumes :** si vous ne la salez pas, elle convient parfaitement à l'arrosage. Ce qui n'est pas du tout le cas de l'eau de cuisson du riz et des pâtes, car elle contient de l'amidon.

- **L'eau de la baignoire :** elle aussi peut être récupérée, à condition que vous utilisiez du savon bio ou naturel, et en très petite quantité.

- **Les restes de thé ou de café :** lorsque vous ne videz pas entièrement votre tasse de thé ou de café, allongez les restes avec de l'eau. Si vous n'avez pas ajouté de sucre ou toute autre substance, ils feront le bonheur de vos plantes !

Ces quelques exemples très concrets vous inciteront, je l'espère, à réutiliser une partie de l'eau que vous consommez pour vos besoins quotidiens. Rien de plus simple !

---

9. L'aquaponie ne doit pas être confondue avec l'hydroponie, ou hydroculture, qui consiste à faire pousser des plantes hors-sol en contrôlant l'eau d'irrigation et les nutriments distribués.

COMPOST ET BOKASHI : TRANSFORMER LES DÉCHETS POUR NOURRIR LES PLANTES

Fabriquer soi-même son compost ou des fertilisants est un jeu d'enfant, qui nous fait découvrir le cycle du recyclage alimentaire : dans cet ensemble parfaitement équilibré, tous les éléments sont reliés les uns aux autres, rien ne se perd, tout est utilisé. Les fruits et légumes que nous consommons nous nourrissent en nous apportant des nutriments, des vitamines, des minéraux et des calories essentiels. Nous les épluchons et en jetons une partie : l'écorce des oranges, les trognons de pommes, les feuilles de radis, pour ne citer que quelques exemples. Évitez à tout prix de jeter ces déchets organiques à la poubelle ! Vous pouvez les transformer en un précieux compost et en fantastiques fertilisants.

Pour fabriquer votre **compost**, vous avez le choix entre différentes méthodes, telles que le lombricompostage (il existe de petits lombricomposteurs pour les appartements) ou le thermocompostage. Avec ces techniques, la matière organique se décompose et se transforme en une substance comparable à un terreau. Le procédé fonctionne très bien, le seul inconvénient étant le risque de mauvaises odeurs. Il permet d'obtenir un compost de qualité, mais relativement pauvre en nutriments. Vous pouvez ajouter le compost mûr dans vos contenants lorsque vous mettez vos plantations en pot ou que vous les transplantez.

Je vous recommande le **compostage bokashi**. Cette méthode présente de nombreux avantages : simple à mettre en place, elle ne génère pas de mauvaises odeurs (pour ceux qui habitent en appartement et ne peuvent pas placer le seau à bokashi à l'extérieur). Le composteur, qui n'est rien d'autre qu'un récipient en plastique pour les déchets organiques, prend peu de place et il produit un excellent amendement pour votre sol et vos plantations. Il ne s'agit pas à proprement parler d'un compost, car les déchets fermentent plutôt que de se décomposer. Sous l'action des ferments lactiques, des levures et des bactéries de phytosynthèse, la transformation de la matière organique produit un engrais très riche en nutriments.

Le **seau à bokashi** est souvent vendu avec un activateur – une poudre ou une solution à asperger qui contient les micro-organismes destinés à activer le processus de fermentation. Chaque fois que vous placez des déchets organiques dans le seau, ajoutez un peu d'activateur. En bas du seau, un petit robinet permet de récupérer chaque semaine le jus, ou thé,

Comment fonctionne un seau à bokashi ?

1. Remplissez-le avec vos déchets de cuisine.
2. Ensuite, à l'aide du robinet en bas, récupérez le jus (ou thé), résultant de la fermentation et riche en nutriments, qui s'écoule à travers un tamis. Le jus et la pulpe de bokashi ont un pH peu élevé.
3. Avant d'arroser vos plantes, diluez votre jus (voir ci-dessous).

de bokashi produit par la fermentation. Son odeur vous surprendra peut-être, c'est normal ! Vous n'aviez pas l'intention de le consommer comme smoothie au petit déjeuner ? Ce liquide épais fera le plus grand bien à votre sol et à vos plantations, car il contient de nombreux nutriments utiles. Diluez-le à raison de 100 ml de jus dans 1 litre d'eau. Versez par exemple 1 litre de jus de bokashi dans un arrosoir de 10 litres et remplissez-le d'eau. Arrosez régulièrement vos plantes avec ce mélange, elles recevront ainsi un engrais naturel de qualité.

Si le seau à bokashi n'est pas rempli au bout d'un mois et demi, vous pouvez continuer à récupérer le jus, mais aussi ouvrir le seau pour retirer les couches inférieures des déchets fermentés. Il suffit ensuite de creuser le terreau d'un contenant pour y déposer ce produit fermenté, appelé **pulpe de bokashi**. Recouvrez-la de terreau et le tour est joué ! La pulpe continue à se dégrader dans le sol et améliore sa qualité, en libérant de nombreux nutriments précieux.

En résumé, les parties des légumes et des fruits que nous ne consommons pas nourrissent le sol en se dégradant et participent à la croissance de nouveaux légumes et fruits. Ce cycle naturel n'est-il pas magnifique ? Le compostage nous permet de fabriquer nous-mêmes des fertilisants tout en réduisant nos déchets. Il est beaucoup plus gratifiant d'entasser nos déchets dans un seau à bokashi que de traîner des poubelles pleines ! Vous constaterez rapidement que vous faites davantage attention aux quantités de déchets ménagers que vous produisez. Une bonne nouvelle pour notre planète !

LES AUTRES FERTILISANTS
POUR NOURRIR LE SOL ET LES PLANTES

Le compost permet de mettre à la disposition des plantes des éléments nutritifs très importants. Mais dans des pots et des jardinières, le terreau et les plantations ont besoin d'une fertilisation supplémentaire. En effet, au bout d'environ six semaines, les plantes et le terreau ne disposent plus de suffisamment de nutriments. Le jus de bokashi en apporte, mais il doit être complété par d'autres fertilisants pour stimuler la croissance des plantes. Choisissez de préférence des produits organiques, certifiés compatibles avec le jardinage écologique. Les produits naturels ont des propriétés surprenantes : vous pouvez laisser de côté les produits chimiques, nuisibles pour l'environnement, sans aucun remords !

En poursuivant votre lecture, vous saurez tout sur la fertilisation : les différentes catégories de produits, à quel moment fertiliser, comment fabriquer vous-même vos fertilisants en utilisant certains déchets de cuisine, sans compostage et sans fermentation.

Les différentes sortes de fertilisants

Les fertilisants organiques existent sous forme liquide, de poudre ou de granulés. Testez si besoin ces différentes formes pour voir celle qui vous convient le mieux.

Les produits liquides offrent l'avantage de se diluer facilement dans l'eau. La poudre s'épand à la surface du sol ; il suffit d'un arrosage léger pour la dissoudre et la faire pénétrer dans le sol. Je préfère ces deux formes aux granulés, qui mettent davantage de temps à se dissoudre et à se répandre dans le sol.

Les composants des fertilisants organiques, très variés, peuvent être d'origine animale ou végétale. De nombreux produits entrent dans la composition des premiers : fumier d'ovins et de bovins, fiente de poule, coquillages, crustacés, émulsion de poisson, guano d'oiseaux marins ou de chauves-souris, ou encore poudre d'os. Les fertilisants végétaux peuvent être à base d'algues, de maïs, de soja, d'ortie ou de consoude.

Comme vous le voyez, la gamme de fertilisants est large. À vous de choisir en fonction de vos convictions et de vos préférences personnelles. Si vous avez

Quelques fertilisants maison : le marc de café est excellent pour les pommes de terre ; l'eau de banane sert à arroser les plantes ; la poudre de coquilles d'œufs apporte du calcium.

un mode de vie végan, vous éviterez bien sûr les produits d'origine animale, mais vous n'aurez aucun mal à trouver des fertilisants d'origine végétale. Et en expérimentant, vous parviendrez même à concocter votre propre recette ! En plus du jus et de la pulpe de bokashi, j'utilise principalement des fertilisants à base d'ortie et d'algues, mais aussi de guano d'oiseaux marins. Tous ces produits doivent bien sûr être introduits au bon moment au cours du cycle de croissance (pour plus de détails à ce sujet, voir page 117).

L'avantage des engrais complets NPK et leur action

Si vous n'aimiez pas les cours de chimie lorsque vous étiez élève, les explications qui suivent risquent de réveiller de mauvais souvenirs ! Rassurez-vous : la pratique du jardinage n'oblige personne à étudier la chimie, mais quelques connaissances de base peuvent néanmoins être utiles.

Tous les fertilisants, ou engrais, ont un indice de mesure désigné sous le sigle NPK. Ces lettres représentent trois macronutriments (ou nutriments principaux) importants, éléments chimiques indispensables à la croissance des plantes. Il s'agit de l'azote (N), du phosphore (P) et du potassium (K). Ces symboles se complètent de chiffres qui indiquent la concentration de chacun des éléments dans la préparation. À titre d'exemple, les chiffres 1-5-2 sur l'emballage d'un produit signifient qu'il contient peu d'azote, beaucoup de phosphore et relativement peu de potassium. Mais quelles sont les incidences pour le sol et les plantations ?

Vous pouvez préparer vous-même un fertilisant maison en broyant des coquilles d'œufs (en haut). Vous pouvez également vous procurer dans le commerce un engrais complet (ci-dessus).

Les incidences de l'indice de mesure NPK sur les cultures

Chacun de ces trois éléments nutritifs a une fonction particulière et joue un rôle décisif à un stade ou à un autre du cycle de croissance des plantes :

- **L'azote (N)** favorise le développement des tiges et du feuillage. C'est un élément essentiel au début du cycle de croissance et pour la photosynthèse.

- **Le phosphore (P)** agit principalement sur le développement du système racinaire et la floraison. Il a un rôle déterminant pendant la phase de fructification, lorsque la plante produit ses fruits ou ses légumes.

- **Le potassium (K)** garantit la bonne santé de la plante : il booste sa vigueur et améliore sa résistance aux maladies.

Ces trois macronutriments sont donc d'une importance capitale et se complètent. À un moment précis de leur cycle de croissance, les plantes ont plus besoin de l'un de ces éléments. Pour mettre toutes les chances de votre côté, il est donc essentiel de leur donner le bon fertilisant au bon moment (voir p. 113).

À quel rythme fertiliser ?

Une fois écoulées les six semaines pendant lesquelles le terreau frais conserve ses nutriments, on recommande généralement de fertiliser toutes les deux à

trois semaines. Tout est question de dosage, bien sûr. Contrairement à ce que l'on pourrait croire, un excès de fertilisation n'apporte pas de bénéfices aux plantes ; au contraire, il peut même leur porter préjudice. Prenez le temps de les observer pour détecter d'éventuels signes de carence et laissez-leur le temps d'assimiler les nutriments dont elles ont besoin. Dans l'idéal, effectuez des rotations. Une semaine, donnez à vos plantes uniquement du jus de bokashi ; la semaine suivante, apportez-leur le fertilisant dont elles ont besoin, complété d'un peu de jus de bokashi.

Préparer ses fertilisants maison

Vous pouvez acheter des fertilisants prêts à l'emploi, mais vous pouvez également les réaliser vous-même, avec des déchets de cuisine, par exemple. Voici quelques exemples de recyclage de déchets ; ils vous étonneront par leur simplicité :

- **L'eau de banane :** si vous aimez les bananes, profitez-en pour préparer régulièrement un fertilisant avec les peaux. Mettez la peau d'une banane bio dans 1 litre d'eau et laissez reposer 2 jours. L'eau s'enrichit en potassium, en phosphore et en calcium. Jetez la peau de la banane dans le seau à bokashi et arrosez vos plantes avec l'eau.

- **Le marc de café :** vous adorez le café ? Ça tombe bien : votre sol et vos plantes apprécieront beaucoup le marc comme fertilisant. Laissez-le sécher, puis enfouissez-le dans le sol. Le marc de café apporte de l'azote, du calcium et du magnésium. Il est aussi légèrement acide, et peut donc abaisser le pH de votre sol. C'est l'amendement idéal pour les pommes de terre, par exemple.

- **Les feuilles de thé :** comme le café, le thé est une précieuse source naturelle de nutriments pour le sol. Vous avez deux possibilités pour utiliser les feuilles : une fois infusées, ajoutez-les dans le seau à bokashi, ou épandez-les tout simplement à la surface de votre sol. Lorsque le thé est conditionné dans des sachets, prenez soin de les ouvrir et de les jeter, car ils peuvent être fabriqués avec des matières synthétiques.

- **La poudre de coquilles d'œufs :** les coquilles d'œufs sont de véritables bombes à calcium. Plutôt que de les jeter, vous pouvez les recycler utilement. L'inconvénient, c'est qu'elles ont besoin de beaucoup de temps pour se décomposer et être absorbées par le sol. Il faut donc les broyer finement, au mixeur ou par tout autre moyen, comme un rouleau à pâtisserie. Vous pourrez ensuite enfouir la poudre obtenue dans le sol.

J'espère que ces informations sur les fertilisants vous seront utiles. Pour plus de détails sur la question – notamment quels fertilisants choisir selon le stade de la croissance –, reportez-vous au chapitre « Les trois phases du cycle de croissance » (voir p. 80).

« Un terreau frais contient des nutriments pour environ six semaines. Ensuite, il faut ajouter le bon fertilisant organique. »

3
4
2
1
3

LES OUTILS DE BASE
POUR LE POTAGER DE BALCON

Contrairement à celui d'un jardin, un potager de balcon ne nécessite pas d'investissement important pour ce qui concerne l'outillage. Pour faire pousser des légumes et des fruits dans des pots, des jardinières ou des tables de jardinage, vous n'avez pas besoin de gros outils ni de machines onéreuses.

Vous trouverez ci-contre les outils indispensables pour démarrer votre potager. Vous pouvez vous les procurer dans le commerce ou les remplacer par des ustensiles de cuisine que vous réserverez au jardinage.

Si vous optez pour de l'outillage neuf, suivez mon conseil : ne lésinez pas sur la qualité ! Les outils bon marché sont fabriqués en plastique, matière peu solide et non recyclable ; ils s'abîment vite et finissent dans la poubelle. C'est donc un double gaspillage ! En revanche, les outils en acier sont robustes, et si vous les protégez contre la rouille, vous les garderez longtemps. Vous allez certainement prendre plaisir à jardiner et vous pourrez réutiliser ces outils pendant de longues années.

❶ **Transplantoir (ou une grande cuillère) :** pour mélanger le terreau et pour repiquer les jeunes plants.

❷ **Sécateur (ou une paire de ciseaux de cuisine solide) :** pour les récoltes, mais aussi pour la taille, opération importante pour de nombreuses espèces de fruits et de légumes.

❸ **Griffe (ou une grande fourchette) :** pour aérer le sol et tracer des sillons.

❹ **Plantoir (ou un crayon) :** pour semer les graines.

En dehors de cet outillage de base, vous aurez besoin d'un **arrosoir** (ou de bouteilles). Un modèle de 10 litres convient parfaitement pour arroser les plantations. Vous pourrez également vous en servir pour diluer le jus de bokashi et les fertilisants (ou pour dissoudre ces derniers). Si vous disposez d'un robinet sur votre balcon ou à proximité immédiate, un tuyau vous permettra d'arroser beaucoup plus rapidement, notamment en été. Mais il ne pourra pas remplacer l'arrosoir pour la fertilisation.

FLEURS ET POLLINISATEURS : NOS MEILLEURS ALLIÉS

Des pollinisateurs comme les abeilles et les bourdons participent activement à la réussite de nos cultures. Pour les attirer, les fleurs sont leurs meilleures partenaires.

Nous entretenons des relations intimes avec les fleurs, qui sont indissociables des événements marquants de nos vies. Nous en offrons pour les anniversaires et les mariages, en guise de remerciements ou pour exprimer nos condoléances et décorer les pierres tombales (déjà à l'époque de l'homme de Néandertal, on déposait des fleurs dans les tombes). Les fleurs sont décoratives et elles ont une portée symbolique. Elles exhalent également des arômes et servent à fabriquer des parfums et des savons. Certaines, comestibles, ravissent nos yeux et nos palais. En bref, nous pouvons difficilement nous passer de fleurs. Elles existent depuis 150 millions d'années sur notre planète et représentent 90 % du monde végétal. Nous leur devons donc le respect.

Dans le potager, les fleurs sont nos meilleures alliées pour attirer les pollinisateurs, mais aussi pour repousser certains nuisibles.

La culture des légumes est inséparable de celle des fleurs. Lorsque j'ai commencé à jardiner, j'ai largement sous-estimé leur rôle pour attirer les pollinisateurs. En regardant mes légumes pousser, je découvrais des fleurs ici et là, et je pensais que les pollinisateurs ne tarderaient pas à arriver. Quelques insectes passaient, bien sûr, mais pas autant qu'il aurait fallu. Lorsque les plantes potagères fleurissent, elles doivent être pollinisées pour produire des fruits. Sans pollinisateur, ce merveilleux processus naturel n'a tout simplement pas lieu. Inutile de vous préciser que mes récoltes étaient plutôt maigres !

Si, dès la première année, j'avais fait pousser davantage de fleurs, les insectes seraient venus plus nombreux sur mon balcon, ils auraient pollinisé davantage de fleurs, et mes récoltes auraient été bien meilleures.

En résumé : pas de culture de légumes sur un balcon sans plantation de fleurs ! Les fleurs nous nourrissent indirectement ; c'est une relation gagnant-gagnant entre elles et nous. Et puis, la prochaine fois que vous achèterez un pot de miel, pensez que les fleurs de votre potager de balcon ont peut-être participé à sa fabrication !

Quand les abeilles s'arrêtent de bourdonner

Dans nos campagnes, les abeilles ont maille à partir avec l'emploi des pesticides et autres substances chimiques lié au développement de l'agriculture intensive. En Californie, la culture des amandes a pris des proportions gigantesques, avec des vergers qui s'étendent sur plus de 130 000 hectares !

Les quatre cinquièmes des amandes consommées dans le monde viennent de Californie. Pour les cultiver, la pollinisation par les abeilles est cruciale, mais elle est également problématique, car il n'y a pas suffisamment d'abeilles sur place ! Ainsi, chaque année, des apiculteurs venus des quatre coins des États-Unis se déplacent vers la Californie avec leurs ruches, qu'ils louent pendant un mois aux producteurs d'amandes.

Cette pratique engendre malheureusement d'autres problèmes. Lorsque les colonies d'abeilles se concentrent dans une région, elles sont absentes dans d'autres pour assurer la pollinisation naturelle, indispensable partout. Plus grave encore, l'emploi de pesticides dans les cultures d'amandes a un effet dévastateur sur les colonies. Beaucoup d'apiculteurs perdent jusqu'à 30 % de leurs populations d'abeilles en raison du stress dû au voyage et de l'emploi d'insecticides mortels. Alors, que faire ? Dans tous les cas, réduire notre consommation d'amandes. La Chine a trouvé une solution : la migration saisonnière de colonies d'abeilles y est remplacée par la pollinisation manuelle. Des travailleurs saisonniers se chargent de polliniser des hectares de poiriers à la main. Vingt personnes effectuent le travail d'une abeille ! Cet exemple met en lumière le rôle essentiel des abeilles dans la pollinisation et la nécessité urgente de les protéger.

Des abeilles dans la ville

Gardons cependant espoir : les populations d'abeilles semblent se développer au cœur de nos métropoles. L'apiculture urbaine est en pleine expansion, comme en attestent le millier de ruches présentes à Paris !

Cette évolution soulève néanmoins des questions, car elle crée un déséquilibre au sein de la société des abeilles. L'essor de l'apiculture urbaine augmente la population des abeilles mellifères, qui entrent alors en concurrence avec les abeilles sauvages. Ces dernières ne produisent pas de miel, mais elles participent activement à la biodiversité. Des études ont montré qu'il était nécessaire de contrôler la population des abeilles mellifères ou domestiques, en limitant par exemple le nombre de nouvelles ruches.

Pour les adeptes du jardinage urbain, l'augmentation des populations d'abeilles en ville est une aubaine. Accueillons ces précieux pollinisateurs en faisant pousser des fleurs dans nos univers de béton, pour leur offrir de la nourriture !

« Celui qui cultive des plantes potagères doit faire pousser des fleurs pour attirer les pollinisateurs. »

Deux types de pollinisation

La pollinisation des espèces potagères et fruitières s'effectue de différentes manières ; voici les deux principales :

- **L'autopollinisation, ou pollinisation directe :** certaines plantes produisent des fleurs qui se fécondent elles-mêmes avec leur propre pollen. La même fleur contient les parties mâles (les anthères qui fabriquent le pollen) et les parties femelles (le stigmate). C'est par exemple le cas des tomates, des pois et des haricots. Ce sont le vent ou les insectes, en butinant, qui déposent le pollen sur le stigmate, initiant la fécondation.

- **La pollinisation croisée :** chez d'autres plantes, le pollen provient d'une autre fleur de la même espèce. Pour que des fruits apparaissent, il faut qu'une abeille ou un bourdon visite plusieurs fleurs, et que l'insecte transporte le pollen d'une fleur sur le stigmate d'une autre. En théorie, ce type de pollinisation peut s'effectuer sur un seul et même plant (on parle de « géitonogamie »). Cependant, étant donné que les fleurs mâles et les fleurs femelles ne restent ouvertes ensemble que brièvement, il se produit rarement. Vous augmentez vos chances en faisant pousser plusieurs plants ou en intervenant pour stimuler la pollinisation. Les courgettes, par exemple, portent des fleurs mâles et femelles sur un même plant. Le fruit se développe sur la fleur femelle fécondée.

Des fleurs à profusion pour attirer les pollinisateurs

Plus votre potager sera fleuri, meilleures seront vos récoltes ! Les abeilles sont très sensibles aux couleurs. Des études ont montré qu'elles affectionnent particulièrement les fleurs bleues, blanches, mauves et jaunes. Nombre de fleurs ont aussi un parfum irrésistible, qui ne laisse pas les pollinisateurs indifférents.

Dans la liste qui suit, je recense les fleurs que je cultive pour attirer les abeilles et les bourdons, avec une mention particulière pour la phacélie et le zinnia. On les rencontre peu chez les fleuristes, pourtant, elles ne manquent pas de charme, et les pollinisateurs les adorent !

- **La phacélie à feuilles de tanaisie :** elle est très prisée des apiculteurs comme espèce mellifère. Ses jolies fleurs mauves sont un régal pour les abeilles.

- **Le zinnia :** il se cultive facilement et s'accommode parfaitement d'une jardinière sur un rebord de fenêtre. Ses fleurs riches en nectar attirent toutes sortes d'insectes pollinisateurs, y compris les coccinelles et les papillons. Elles se déclinent dans de nombreuses couleurs.

- **La lavande :** cette plante devrait figurer dans tous les jardins, notamment pour son arôme, qui évoque l'été.

Les fleurs aux couleurs vives, riches en nectar, comme celles du potimarron (ci-contre) et de la capucine (en bas, à droite) attirent les insectes, et donc des pollinisateurs potentiels.

• **La pâquerette :** difficile de résister au charme de cette modeste fleur, que les abeilles adorent. Elle se cultive aisément dans des pots et des jardinières.

• **Le tournesol :** ses magnifiques fleurs se prêtent idéalement au butinage des pollinisateurs. Il se cultive en pots à partir de semis.

Des fleurs pour enrichir la biodiversité et lutter contre les nuisibles

Au cas où vous ne seriez pas encore convaincu·e que les fleurs sont de précieuses alliées pour le jardinier, vous allez peut-être changer d'avis en lisant ce qui suit. En dehors du fait qu'elles attirent les pollinisateurs, certaines d'entre elles peuvent être des auxiliaires très utiles pour contrôler les nuisibles. De nombreuses fleurs repoussent effectivement les ravageurs. À mon avis, cependant, la meilleure stratégie consiste à ménager un espace à ces derniers, où ils pourront vivre sans importuner les végétaux et sous votre contrôle. Vous devez simplement leur offrir les fleurs qui leur conviennent pour qu'ils s'y établissent et laissent vos légumes tranquilles.

Les pucerons sont très envahissants. Ces minuscules bestioles forment des colonies sur les plantes et se reproduisent à une vitesse vertigineuse. Plutôt que de les laisser envahir toutes vos cultures, il est préférable de placer des fleurs qui les attirent dans des endroits stratégiques. Les pucerons seront ravis d'y trouver le gîte et le couvert, et vous n'aurez plus de soucis à vous faire pour vos légumes.

• **La capucine :** cette plante vigoureuse se cultive facilement en pots. De plus, elle nous offre ses fleurs comestibles ! Les pucerons l'apprécient particulièrement : ils s'agglutinent sous les feuilles et sur les pédoncules des fleurs.

• **Le souci :** ses superbes fleurs orange et jaunes sont d'excellents pièges pour les pucerons, et elles sont aussi très prisées des coccinelles. Devinez ce qui se passe : les coccinelles dévorent les pucerons ! Dans le scénario idéal, les fleurs de souci attirent les pucerons, qui attirent eux-mêmes les coccinelles, et nous nous réjouissons de voir les petites bêtes du Bon Dieu faire des festins de ravageurs.

PROTÉGER LES FRUITS ET LES LÉGUMES CONTRE LES NUISIBLES

Tous les jardiniers sont confrontés un jour ou l'autre aux invasions de nuisibles et autres parasites qui vivent aux dépens des végétaux – à nous de nous adapter aux lois de la nature ! Néanmoins, en ville, dans un potager de balcon, nous sommes généralement moins victimes des ravageurs qu'à la campagne, et nous pouvons les contrôler plus facilement. Je ne vais pas examiner en détail tous les nuisibles que vous pouvez rencontrer sur votre balcon ou votre terrasse, le sujet mériterait d'y consacrer un livre à lui seul. Par ailleurs, ces importuns ne sont pas obligatoirement les mêmes selon l'endroit où l'on vit et où l'on jardine. Je vais vous présenter ici les deux types de ravageurs les plus répandus : les pucerons, ainsi que les limaces et les escargots. Vous trouverez des informations détaillées sur les autres nuisibles et les maladies dans le guide des espèces, à partir de la page 130.

Comment se débarrasser des pucerons ?

Pensez à cultiver des fleurs pour repousser les pucerons ou les tenir à distance de vos plantes. Malheureusement, cette stratégie ne suffit pas toujours pour empêcher les petites bestioles vertes ou noires de coloniser les espèces potagères. Alors, que faire ?

❶ Ne cédez pas à la panique !
❷ Laissez de côté des produits chimiques ; il existe des moyens naturels pour contrôler ces invasions.

Si vous cultivez votre potager de balcon dans le souci de la biodiversité, de nombreux insectes peuvent vous aider à rétablir l'ordre. Voici quelques suggestions pour garder les pucerons sous contrôle et, si possible, s'en débarrasser.

• **Repérer les pucerons :** observez attentivement vos plantes afin de détecter leur présence dès que possible. Lorsque j'arrose, j'en profite généralement pour examiner les feuilles. Les pucerons sont malins, ils s'agglutinent souvent sous les feuilles et sur les tiges. Plus on les découvre tôt, plus il est facile de les contrôler. Prenez donc le temps d'inspecter régulièrement vos plantes.

• **Attirer les prédateurs naturels des pucerons :** nos meilleures alliées sont certainement les adorables coccinelles. Un adulte dévore jusqu'à 50 pucerons par jour, mais les larves s'en délectent également et participent à la lutte ! Pour les attirer, plantez des fleurs : les œillets d'Inde, les zinnias et les soucis sont très prisés des coccinelles. D'autres prédateurs sont également friands de pucerons : les syrphes, les araignées, et même les guêpes. Efforcez-vous de créer un écosystème équilibré sur votre balcon : pour piéger les pucerons qui risquent de dévaster vos cultures, fleurissez abondamment votre potager afin d'y accueillir des insectes prédateurs.

- **Autre moyen de lutte naturelle :** les invasions de pucerons peuvent être contrôlées par un moyen très simple et néanmoins efficace : vos doigts ! Écrasez les minuscules insectes entre vos doigts ou tapotez les tiges colonisées. Le plus souvent, ils tombent et ne reviennent pas. Vous pouvez aussi pulvériser sur les plantes du savon noir dilué dans de l'eau. La solution, qui agit comme un insecticide naturel, peut être utilisée deux fois par semaine. Après avoir aspergé les feuilles et les tiges, je prends généralement une brosse à dents douce pour les nettoyer, et ça fonctionne très bien !

Comment se débarrasser des escargots et des limaces ?

Ces mollusques peuvent paraître amusants à première vue – surtout ceux qui portent leur maison sur le dos –, mais ils provoquent de gros dégâts dans les cultures, s'attaquant notamment aux jeunes pousses et aux feuilles tendres. Vous le savez sans doute : ils n'hésitent pas à prendre leur petit déjeuner ou leur dîner sur vos feuilles de salade, mais ils ne dédaignent pas non plus les radis ! La plus grande vigilance s'impose donc. Ce serait dommage qu'ils engloutissent vos magnifiques légumes avant qu'ils n'arrivent dans votre assiette. Il est important de repérer dès que possible la présence de ces intrus, car ils se reproduisent à une vitesse prodigieuse et peuvent dévaster votre potager en un rien de temps. Voici quelques suggestions simples pour éviter un tel fléau :

- **Détecter rapidement la présence des escargots et des limaces :** comme pour les pucerons, examinez régulièrement vos plantes. Après les avoir arrosées, ou lorsqu'il a plu, prenez une lampe de poche et partez à la chasse la nuit ! C'est à ce moment-là que les mollusques sont le plus actifs. Inspectez soigneusement les murs, les pots et les tables de jardinage. Les limaces, plus redoutables encore que les escargots, se repèrent facilement en raison de leur taille et de leur couleur brune. Les unes et les autres signalent leur présence par des trous sur les feuilles des légumes. Les traînées de bave qu'ils laissent derrière eux permettent de les suivre.

Les escargots se délectent de pak-choï (à gauche) et de chou blanc (à droite). Différentes méthodes existent pour éloigner ces intrus visqueux.

- **Ramasser un à un les escargots et les limaces :** la méthode est fastidieuse, mais efficace, les gastéropodes étant rarement isolés. Il suffit souvent d'en découvrir un pour en trouver d'autres. Tôt le matin, inspectez le dessous des feuilles, les soucoupes et les bords des pots : ils s'y réfugient volontiers pour dormir. Prenez-les délicatement et remettez-les dans un espace vert à proximité de chez vous. Les hérissons, les crapauds et les orvets se délecteront de ce savoureux butin. En automne, vous pouvez aussi enfouir les œufs dans le sol.

- **Attirer des auxiliaires :** si vous jardinez sur une terrasse, invitez les hérissons, les crapauds et les orvets dans votre potager en aménageant de petits tas de feuilles ou de pierres.

- **Repousser les escargots et les limaces :** comme ils détestent certains produits alimentaires, profitez-en pour les tenir à distance de vos plantes potagères. C'est par exemple le cas du marc de café, dont ils ne supportent pas l'odeur, et des coquilles d'œufs broyées, que l'on dispose à la base des tiges. Parce qu'ils se déplacent en glissant, les gastéropodes n'aiment pas les sols secs et rugueux. Vous pouvez donc leur rendre la vie difficile en leur préparant un sol peu attirant. Pour cela, arrosez vraiment à la base des tiges, pas sur toute la surface du terreau, et le matin, pas le soir, avant le réveil des mollusques.

N'oubliez jamais que la présence de nuisibles est normale et inévitable dans un potager. Inutile de paniquer lorsque vous découvrez une colonie de pucerons sous des feuilles ou une limace dans une salade. Mettez en place des moyens de lutte naturels et évitez à tout prix l'emploi de substances chimiques : vous porteriez gravement atteinte à vos cultures bio.

SEMER, LAISSER POUSSER ET RÉCOLTER

Les trois phases du cycle de croissance

LA VIE D'UNE PLANTE POTAGÈRE : COURTE OU LONGUE ?

Le cycle de croissance d'une plante potagère se partage grossièrement en trois phases :

❶ **La germination**
❷ **Le développement**
❸ **La récolte**

Selon l'espèce et la variété que vous souhaitez cultiver, les différentes phases ont une durée variable, chaque plante étant soumise à un mode de croissance particulier. Pour les tomates, par exemple, il faut compter de 4 à 6 mois entre le semis et la première récolte. Les radis, en revanche, peuvent être récoltés le plus souvent au bout de 18 jours, 1 mois au plus tard. Vous pouvez donc organiser votre potager de balcon de manière à pouvoir effectuer des récoltes de légumes en permanence, en associant des espèces à cycle court et des espèces à cycle long.

Pourquoi la durée du cycle de croissance varie-t-elle d'une espèce à une autre ? La réponse est simple : certaines plantes doivent traverser une phase de floraison avant de fructifier et de produire des légumes. Pour d'autres, c'est inutile, parce que nous récoltons les feuilles, les racines ou les tubercules. Sans phase de floraison et de fructification, la récolte intervient beaucoup plus rapidement.

Le cycle de croissance court (entre 1 et 3 mois)

Il concerne toutes les plantes pour lesquelles la récolte s'effectue avant la floraison. En d'autres termes, il s'agit de celles dont nous ne consommons pas les fruits produits par les fleurs, mais les racines (pour les légumes-racines) ou les feuilles (pour les légumes-feuilles). Pour toutes ces espèces, la floraison est sans importance.

Les légumes-racines comprennent notamment le radis, le navet et la carotte. Les légumes-feuilles regroupent la blette, l'épinard, le chou kale, les salades, ainsi que le brocoli et le chou-fleur. Le cycle de croissance d'une laitue ou d'un radis, qui est court, se déroule en trois phases :

❶ **Après le semis,** la formation des jeunes plants, relativement rapide, dure environ 2 semaines.
❷ **Pendant la phase de développement,** la laitue produit des feuilles et le radis, une racine.
❸ Lorsque la laitue ou le radis ont atteint leur taille optimale, ils sont bons pour **la récolte**. Celle-ci intervient avant la floraison de la plante.

Le cycle de croissance long (au moins 3 mois)

Il concerne les plantes dont les fruits comestibles (légumes compris) se développent à partir des fleurs : tomate, poivron, aubergine, fraise, courgette,

CYCLE DE CROISSANCE COURT (DE 1 À 3 MOIS)

CYCLE DE CROISSANCE LONG (3 MOIS ET PLUS)

concombre. Comme celui d'un radis, le cycle de croissance d'un plant de tomate se déroule en trois phases, mais il est plus long, parce que la phase de développement englobe la floraison.

❶ **Après le semis,** la formation des jeunes plants en intérieur est un peu longue. Lorsqu'ils sont suffisamment vigoureux, repiquez-les en extérieur dans leur pot définitif.
❷ **Pendant la phase de développement,** la plante produit une tige robuste et des feuilles. **MAIS** cette phase comprend aussi la floraison, durant laquelle elle produit des fleurs : elle dure donc plus longtemps.
❸ **Les fleurs produisent des fruits,** qui peuvent être récoltés une fois arrivés à maturité.

Il existe cependant des exceptions. Le cycle de croissance des pois, par exemple, comprend une phase de floraison, mais beaucoup plus courte. La récolte peut s'effectuer au bout d'environ 2 mois. Les pommes de terre se cultivent à partir des tubercules ; pourtant, il faut compter 4 mois avant la récolte. Dans la dernière partie du livre, je détaille le cycle de croissance pour chaque espèce.

Bien sûr, le climat et la météo influent aussi sur la croissance des plantes. J'aime particulièrement le mois de mai, lorsque le potager resplendit de vert à la faveur des températures douces.

PREMIÈRE ÉTAPE DE L'AVENTURE : LA GERMINATION

Vous connaissez désormais la différence entre un cycle de croissance court et un cycle de croissance long. Nous allons maintenant étudier en détail chacune des phases de ces cycles.

Le début de l'aventure

Vous avez décidé de faire pousser des légumes et des fruits ? Je vous félicite pour cette initiative ! Peut-être tenez-vous déjà quelques graines dans vos mains. Pour ma part, il suffit que je regarde un sachet de graines pour imaginer la récolte. Je me vois sur mon balcon, à côté d'une belle plante vigoureuse qui m'offre ses fruits sains et savoureux… Premier conseil : autorisez-vous à rêver lorsque vous êtes en présence de graines !

Le semis et la germination ont quelque chose de magique : vous êtes partie prenante d'un processus au cours duquel une minuscule graine se transforme en une magnifique plante. C'est vraiment le début d'une aventure passionnante ! Vous mettez une graine dans une coupelle remplie de terreau à semis. Avec la température adéquate, la quantité de lumière et d'humidité requise, la graine germe : une minuscule pousse apparaît alors au-dessus de la surface du terreau, et des racines frêles se forment dans le sol.

On effectue la plupart des semis en intérieur, dans une serre ou sous une cloche, pour offrir aux jeunes pousses un environnement stable et les protéger des influences extérieures. Pour savoir à quel moment et comment effectuer vos semis, lisez ce qui suit.

Le meilleur moment pour les semis

Chaque plante a son propre cycle de croissance et pousse à une période déterminée de l'année, qu'il convient évidemment de respecter. Par ailleurs, les conditions climatiques varient d'une région à l'autre et d'une ville à l'autre. Nous disposons heureusement d'un indicateur pour planifier nos semis : le gel ! Vous devez vous renseigner sur la dernière date de gel de printemps dans votre région pour planifier les semis des cultures de printemps et d'été, et sur la première date de gel d'automne/hiver pour les semis des cultures d'automne et d'hiver.

Prenons l'exemple des tomates, qui poussent en été. Il est important de ne pas repiquer les jeunes plants en extérieur tant qu'il existe un risque de gel, car une petite gelée nocturne suffit à les faire périr, réduisant tous vos efforts à néant. En général, on sème les tomates de 6 à 8 semaines avant la dernière date de gel de printemps. Si c'est la fin avril dans votre région, vous pouvez commencer vos semis en intérieur entre la fin février et la mi-mars. Pour le basilic, on compte 6 semaines avant la dernière date de gel ; pour les aubergines, 8 semaines ; pour les poivrons,

entre 8 et 10 semaines. Pour vous faciliter la tâche, vous trouverez un calendrier des semis en fin d'ouvrage (voir p. 192-195). Pour connaître la dernière date de gel de printemps dans votre région, renseignez-vous sur Internet. Le site plantmaps.com, en anglais, pourra vous être utile.

Choisir les graines

Dans la première partie de ce livre, je n'ai pas parlé seulement de ce que l'on peut faire pousser sur un balcon ou une terrasse. J'ai également expliqué la différence fondamentale qui existe entre les semences hybrides et les semences paysannes anciennes. Si vous n'avez pas lu ce passage, je vous invite à le faire maintenant. Je recommande vivement l'emploi des semences paysannes anciennes pour enrichir la biodiversité, et soutenir les agriculteurs qui utilisent ces variétés anciennes et qui produisent les graines. Vous découvrirez ainsi une gamme impressionnante de variétés fascinantes et vous pourrez produire vous-même vos propres graines.

Rêves de graines

La planification de la saison à venir compte parmi les meilleurs moments de ma vie de jardinier. J'ai toujours envie d'essayer de nouvelles variétés, et lorsque je feuillette le catalogue des graines, je me mets à rêver – je vois les plantes grandir sur mon balcon –, et je vous invite à rêver à votre tour ! Qu'avez-vous envie de faire pousser ? Des tomates cerises noires en provenance de Cuba ? Ou des aubergines d'origine italienne, à la peau crème striée de rose-mauve ? Et pourquoi pas des baies de physalis, qui font penser à des bonbons dorés ?

Entre les couleurs, les formes et les provenances, vous n'avez que l'embarras du choix. À vous de décider ce qui vous plaît le plus. Pour sélectionner vos cultures, ne vous laissez pas guider par des considérations d'ordre rationnel, laissez plutôt parler vos envies...

Où trouver des semences paysannes anciennes ?
Difficilement dans le commerce, pour le moment, mais cela peut évoluer. Vous pouvez en revanche commander des graines anciennes de toutes sortes sur Internet. Il existe des coopératives et des associations spécialisées qui proposent un large choix. Renseignez-vous aussi autour de vous, car certains producteurs vendent des graines paysannes. On en trouve également dans les magasins bio et dans certaines jardineries, au printemps et en été. Le choix n'y est sans doute pas aussi étendu que chez les spécialistes de graines paysannes, mais pour débuter, cela peut suffire.

Quels critères prendre en compte pour acheter des graines ?
Dans un potager de balcon, les plantes poussent dans des contenants (pots, bacs, jardinières et tables de jardinage). Il convient donc de vérifier si l'espèce que vous souhaitez faire pousser est adaptée à ce type de culture. Certaines plantes exigent beaucoup de terre pour être productives, et des contenants de grandes dimensions ne suffisent pas toujours. Tenez compte des recommandations à ce sujet figurant sur les sachets. Ces derniers donnent aussi des informations utiles sur le semis proprement dit – le meilleur moment, la profondeur à laquelle semer les graines, la distance entre les graines –, ainsi que le temps nécessaire pour la récolte. Des conseils sont également donnés concernant l'entretien des semis.

Quand acheter mes graines ?
Le jardinage est une activité qui a le vent en poupe, et c'est tant mieux ! En raison de la forte demande, je vous recommande de vous procurer vos graines deux ou trois mois avant la date prévue des semis. Vous aurez davantage de choix et vous pourrez sélectionner les variétés que vous souhaitez cultiver. Inutile de le faire plus tôt : beaucoup de graines sont encore en production.

Que faire lorsque la variété que j'ai sélectionnée n'est plus disponible ?
En cherchant bien, il y a sans doute un moyen de la trouver ! Sur Internet, consultez les sites spécialisés dans le troc et l'échange de graines paysannes. Vous entrerez ainsi en contact avec des personnes qui partagent les mêmes préoccupations que vous. Renseignez-vous autour de vous, auprès de ceux qui, comme vous, pratiquent le jardinage urbain ; ils peuvent avoir quelques graines à vous proposer, et ce sera l'occasion de partager vos expériences respectives. Personnellement, je pratique beaucoup les échanges de graines. J'aime l'idée que, n'importe où dans le monde, d'autres plantes, identiques aux miennes, poussent à partir des graines que j'ai produites moi-même.

Ci-dessus : sur les sachets de graines, vous trouverez toutes les informations utiles pour cultiver les plantes. Lisez-les attentivement !

LE SEMIS :
QUESTIONS-RÉPONSES

À première vue, la mise en terre d'une graine paraît d'une simplicité enfantine. Pourtant, lorsqu'on est sur le point de commencer ses semis, on est souvent assailli de questions. Je vous donne ci-dessous les principales informations, avant de vous expliquer les différentes étapes en détail.

Toutes les plantes potagères nécessitent-elles des semis en intérieur ?
Non. Je plante par exemple les radis et les pois directement en pleine terre, à l'extérieur, en choisissant bien le moment. Cependant, pour presque toutes les espèces, je conseille de faire les semis en intérieur pour deux raisons essentielles. Tout d'abord, c'est le mode de culture recommandé pour les fruits et les légumes au cycle de croissance long. Ensuite, la sélection est beaucoup plus facile au moment du repiquage dans les pots définitifs : on choisit les plants les plus vigoureux que l'on place à la distance voulue, et on supprime les plus fragiles.

Quel terreau choisir ?
Un terreau de qualité est indispensable pour les semis. Pour offrir dès le départ des conditions de croissance optimales aux plantes, je vous conseille vivement d'investir dans un terreau spécialement conçu pour les semis. Pour que les graines puissent germer et lever, elles ont besoin de nutriments et d'un sol très léger. Lorsqu'il est lourd, compact ou pas suffisamment aéré, il arrive que les graines germent dans le sol, mais que les pousses ne parviennent pas à sortir de terre.

Lorsque je me suis lancé dans le jardinage, je manquais totalement de patience. Aussitôt les graines semées, je voulais qu'elles lèvent, mais sans leur offrir le terreau approprié. Bien entendu, j'étais le plus souvent déçu par le résultat. Ne pas fournir aux graines le terreau dont elles ont besoin est tout simplement du gâchis : vous gaspillez des graines précieuses ainsi que votre temps ! En conclusion, n'essayez pas de précipiter les choses. Prenez le temps de trouver le bon terreau avant de commencer vos semis.

Quels contenants choisir ?
Vous pouvez réutiliser des godets en plastique ou en carton, ou vous procurer des pots à semis biodégradables. Ces derniers facilitent grandement le repiquage.

- **Pots à semis en fibre biodégradable :** ce sont les contenants que j'utilise le plus souvent, en semant une seule graine par pot. Ils conservent parfaitement l'humidité, et les racines des jeunes plants parviennent à traverser les parois, qui sont comparables à du papier. Ces pots étant biodégradables, vous pouvez les enterrer avec les plants au moment du repiquage.

Toutes sortes de contenants conviennent pour les semis : de la canette de soda recyclée...

C'est vraiment la solution idéale et la plus pratique lorsqu'on débute dans le jardinage.

- **Rouleaux de papier toilette :** ne les jetez pas, mais gardez-les précieusement pour vos semis ! Pour les utiliser, fermez l'une des extrémités en la repliant vers l'intérieur, puis remplissez les rouleaux de terreau. C'est simple et économique – une excellente idée de recyclage !

- **Boîtes à œufs :** je les utilise beaucoup pour semer des graines de la même espèce, une par alvéole. J'obtiens ainsi 6 ou 10 plantules.

- **Coupelles en plastique à usage alimentaire :** ne jetez plus les barquettes d'emballage de produits alimentaires, destinées à un usage unique. Vous pouvez les recycler utilement en y semant des graines qui produiront de délicieux légumes ! Pensez simplement à percer quelques petits trous de drainage dans le fond. Comme pour tous les pots de plantations, l'eau d'arrosage doit pouvoir s'évacuer facilement, afin d'éviter que les plantes pourrissent ou moisissent. Dans les plus grandes coupelles, vous pourrez semer plusieurs graines, en prenant soin de les espacer suffisamment.

Quelles informations figurent sur les sachets de graines ?

Lisez attentivement les informations figurant sur les emballages, car elles sont souvent très utiles. Vous apprendrez par exemple d'où proviennent les graines, quelle taille la plante atteint à maturité ou quel sera le moment de la récolte. Certaines informations concernent le semis à proprement parler : la période et la température idéales pour l'effectuer, la profondeur, la distance souhaitable entre les graines. Certains emballages précisent si les graines préfèrent la lumière ou l'obscurité.

Certaines graines ne germent pas aussitôt après avoir été semées ; elles sont dans un état de dormance. C'est par exemple le cas des aubergines, qui ont besoin

...aux pots biodégradables, qui n'attendent plus que les graines.

Ci-contre : dès que les jeunes plants sont suffisamment grands et vigoureux, ils peuvent être repiqués en extérieur à leur emplacement définitif, mais en dehors des périodes de gel, bien sûr.

d'un coup de pouce pour pouvoir germer, appelé la « levée de dormance ». Il suffit de laisser les graines pendant une semaine dans le bac à légumes du réfrigérateur. Après quoi, elles peuvent être semées. Ce type d'information figure également sur les sachets de graines.

Commencer les semis

Une fois que vous avez rassemblé tout le matériel nécessaire – les graines, le terreau et les pots –, il ne vous reste plus qu'à démarrer vos semis. Le moment est venu de libérer votre main verte !

Des graines de différentes tailles

Vous constaterez que la taille des graines varie beaucoup d'une espèce à l'autre. Certaines, comme celles des salades, des tomates ou des radis, sont minuscules ; d'autres, telles celles des courgettes, des concombres ou des pois, sont beaucoup plus grosses. Par ailleurs, certaines graines ont besoin d'obscurité pour germer, d'autres de lumière. Cette information figure généralement sur les sachets. Déposez les secondes à la surface du terreau et appuyez délicatement dessus pour les enfoncer légèrement. Recouvrez-les d'une fine couche de sable pour les protéger de la moisissure. Au fil des années, j'ai établi une règle qui fonctionne pour toutes les graines, y compris pour celles qui ont besoin de lumière pour germer : je les sème plus ou moins profondément selon leur taille. Placez les petites graines à 1 cm de profondeur maximum. Une semence de petite taille ne peut pas donner naissance à une pousse robuste. En la semant à une faible profondeur, vous facilitez la levée. Les grosses graines produisent des pousses plus solides. Je suis toujours fasciné en voyant germer les graines de courgettes. Les pousses déploient une telle force pour sortir de terre ! Des graines de cette taille se sèment à 2 cm de profondeur pour favoriser l'ancrage des jeunes plants dans le sol.

Dans les pages qui suivent, je vous explique pas à pas comment effectuer vos semis. Il y a fort à parier que vos premiers pas dans le jardinage seront pour vous une expérience passionnante ! Un petit mot d'avertissement à ce sujet : vous vérifierez probablement plusieurs fois par jour si vos graines germent. Ne vous inquiétez pas, vous n'êtes pas victime d'une névrose obsessionnelle. C'est tout à fait compréhensible ; c'est simplement de l'impatience, comme chez beaucoup de jardinières et jardiniers passionnés !

LE SEMIS
PAS À PAS

1. Préparez les contenants. Si vous utilisez des coupelles en plastique, pensez à percer des trous dans le fond pour laisser l'eau d'arrosage s'évacuer. Cette opération n'est pas nécessaire pour les pots en fibre biodégradable ou les godets en papier et en carton.

2. Préparez le terreau à semis.

3. Remplissez les contenants de terreau jusqu'en haut.

4. Tassez délicatement le terreau avec le doigt. Ajoutez si besoin un peu de terreau, de sorte que les contenants soient bien remplis jusqu'en haut.

5. Arrosez le terreau.

6. Tassez de nouveau le terreau humide avec le doigt, en procédant délicatement.

7. Avec un crayon de bois ou un plantoir, faites un trou dans le terreau : comptez 1 cm de profondeur pour les petites graines ; 2 cm pour les plus grosses.

8. Recouvrez-les premières avec une fine couche de terreau ou de sable. N'hésitez pas à suivre les indications figurant sur le sachet de graines, car elles précisent parfois si les graines ont besoin de lumière ou d'obscurité pour germer.

9. Faites des trous dans tous les contenants à la profondeur voulue selon la taille des graines.

10. Prenez délicatement une graine entre vos doigts, puis déposez la graine dans un trou (toujours une graine par trou).

11. Recouvrez la graine de terreau et tassez-le avec le doigt.

12. Arrosez de nouveau le terreau. La graine ne doit pas remonter à la surface. Veillez à ce que les plus grosses et celles qui ont besoin d'obscurité pour germer soient bien recouvertes de terreau.

La graine ne va pas tarder à germer pour donner naissance à une plante. Il ne vous reste plus qu'à patienter – une redoutable épreuve, j'en conviens ! Mais votre patience sera largement récompensée lorsque vous verrez apparaître les premiers signes de vie à la surface du terreau : une fragile pousse et de petites feuilles tendres.

1

2

3

4

5

6

7

8

9

10

11

12

Les premières petites feuilles de tomates, ou cotylédons, apparaissent. Dès la formation de trois vraies feuilles, vous pouvez repiquer les jeunes plants de tomates, de poivrons et autres espèces aimant la chaleur dans des contenants plus grands et les laisser pousser encore en intérieur.

Selon l'espèce et la variété, le temps de germination des graines varie considérablement. De 7 à 10 jours pour la plupart, il peut atteindre 3 semaines chez certaines. Il est donc essentiel d'étiqueter vos semis, pour savoir quelle espèce ou variété vous venez de planter, et à quelle date.

Il m'est arrivé un jour de ne pas étiqueter un semis, certain que j'allais me souvenir du nom et de la date, mais j'ai regretté ensuite ma négligence. Lorsque vous n'étiquetez pas vos semis, vous ne pouvez pas savoir si le temps de germination est écoulé ou non, et si, en l'absence de tout signe de vie, vous pouvez encore espérer que vos graines germent. De même, lorsque vous plantez différentes variétés de tomates, vous ne pouvez les identifier que des mois après, lorsque les plants portent des fruits.

En conclusion, ne négligez surtout pas l'étape de l'étiquetage ! En dehors de son utilité pour la réussite de vos plantations, il apporte une note personnelle dans votre potager de balcon. Laissez libre cours à votre imagination pour créer des étiquettes originales : récupérez par exemple des bâtonnets de glace, des bouchons de vin, ou découpez des barquettes en plastique. N'oubliez pas que les étiquettes seront déplacées à l'extérieur avec les jeunes plants, au moment du repiquage ; elles doivent donc résister aux intempéries et être encore lisibles au bout de plusieurs semaines, voire plusieurs mois.

MA TO-DO LIST PENDANT
LA GERMINATION

Effectuer les soins quotidiens

Le terreau doit rester en permanence humide. Dès qu'il est sec, arrosez légèrement, sans l'inonder, pour éviter que le semis ne pourrisse. Pensez à adapter l'arrosage à la température de la pièce.
Prenez soin d'aérer la pièce chaque jour pour éviter la formation de moisissure.
Si vous détectez des traces de moisissure ou même de petits champignons à la surface du terreau, pas de panique ! À l'aide d'une cuillère, retirez délicatement la couche superficielle moisie.
Si vous repérez des pucerons sur les jeunes plants, il suffit de les écraser entre vos doigts.

Trouver l'emplacement idéal pour les semis

Dès que vos semis sont terminés et étiquetés, ils doivent être placés dans un endroit chaud, lumineux et bien aéré. Certaines graines exigent une température d'au moins 20 °C pour germer, d'autres de 25 °C. Une grande fenêtre bien exposée leur apportera la luminosité nécessaire.

Se procurer une lampe LED de culture

Si vous craignez qu'aucune de vos fenêtres n'apporte une luminosité suffisante à vos semis, investissez dans une lampe LED de culture. Elle stimulera la germination des graines et la croissance des jeunes plants. Ce type de lampe est proposé dans différents modèles : à vous de choisir en fonction de vos projets de jardinage et de l'usage que vous pourrez en avoir.

Faire preuve de patience : c'est la clé de la réussite

Ne soyons pas trop exigeants, adaptons nos attentes à la réalité : il est peu probable que toutes les graines germent, et c'est tout à fait normal. Le taux de germination est estimé à environ 90 % (ce chiffre figure souvent sur les sachets de graines). Si vous tenez tout particulièrement à une variété, mieux vaut ne pas lésiner sur la quantité de graines à semer ; vous aurez ainsi toutes les chances d'obtenir suffisamment de plants. Au pire, si vous en avez trop, vous pourrez en distribuer autour de vous, ils feront certainement des heureux !
Vérifiez que le temps de germination ne dépasse pas plus d'une semaine et demie. Si certains de vos semis sont dans ce cas, éliminez-les et effectuez de nouveaux semis pour les remplacer.

Savourer le plaisir de voir lever ses semis

Lorsque les graines commencent à germer, vous apercevez de minuscules tiges vertes qui sortent de terre. Vous assistez à une merveille de la nature : la naissance d'une plante ! Ce phénomène clôture la première phase du cycle de croissance des espèces potagères que vous avez entrepris de cultiver. Vous pouvez être fier·ère de vous ; je vous souhaite la bienvenue dans le club des jardinier·ière·s urbains !
Certains jeunes plants, comme ceux des tomates ou des aubergines, doivent être repiqués dans des pots à semis plus grands, car ils exigent davantage de terreau. Vous trouverez plus de détails pour les espèces concernées dans la dernière partie du livre.

Acheter des plants

Si vous ne parvenez pas à obtenir de jeunes plants à partir de vos semis – cela peut arriver –, consolez-vous : moi aussi, j'ai essuyé pas mal d'échecs à mes débuts. L'apprentissage du jardinage est long et semé d'embûches ! Ne vous inquiétez pas : une solution existe pour remédier au problème.
Peut-être n'avez-vous pas non plus l'intention d'effectuer vos semis, par exemple par manque de temps. Peu importe la raison, j'ai un plan B à vous proposer.
Vous pouvez acheter des plants sur les marchés et dans les jardineries. Assurez-vous cependant qu'ils ont été cultivés de manière écologique, si possible à partir de graines paysannes anciennes.
Une fois en possession des jeunes plants – cultivés par vos soins ou par d'autres –, vous pouvez aborder la deuxième phase du cycle de croissance !

LE POTAGER PREND FORME :
LA PHASE DE DÉVELOPPEMENT

Au semis et à la germination succède la phase de développement, qui englobe parfois la floraison. Pour vous, le moment est venu de repiquer les jeunes plants en extérieur, à leur emplacement définitif, à condition que soit écarté tout risque de gel.

Je vais vous présenter ci-dessous les types de contenants possibles pour un potager de balcon, après quoi j'aborderai la question de la taille, ou contenance, qui doit être adaptée aux différentes espèces potagères. Je détaillerai ensuite étape par étape les deux méthodes possibles pour préparer les contenants et repiquer les plants. Enfin, je développerai les atouts du paillage et j'expliquerai l'utilité de la technique dans cette phase du cycle de croissance.

Pots, jardinières, bacs : à chacun son style !

Le jardinage urbain vous offre l'occasion de laisser s'exprimer votre créativité en développant votre propre style. Il s'agit pour vous d'aménager une oasis de verdure au cœur de la ville, qui vous fournira des fruits et des légumes sains et savoureux tout en étant une source de bien-être pour vous. Rassurez-vous : les possibilités ne manquent pas pour y parvenir !

Un potager de balcon offre un avantage indéniable : une grande souplesse dans l'aménagement de l'espace. Selon la saison, pots, bacs et jardinières peuvent être déplacés en fonction des besoins des plantes. Je répertorie ci-après les différentes options concernant les matériaux et les types de contenants disponibles dans le commerce. Je propose également des suggestions pour donner une seconde vie à des objets usagés que vous avez sous la main (dans votre intérieur, votre grenier ou votre cave).

Les différents matériaux

Pour les pots, bacs et jardinières, je recommande trois matériaux, deux rigides et un souple. À vous de voir ce qui vous convient le mieux.

- **La terre cuite :** les pots classiques en terre cuite font partie intégrante des potagers urbains. Les modèles en céramique non vernie présentent plusieurs avantages : respectueux de l'environnement, ils garantissent aux plantes une bonne aération ainsi qu'un bon drainage, et tempèrent les effets des variations de la température extérieure sur le terreau. Ils préservent sa fraîcheur par temps chaud, et sa chaleur par temps froid. Néanmoins, la terre cuite est sensible au gel et peut donc éclater en hiver. Par ailleurs, les gros pots en terre cuite sont lourds et difficiles à déplacer. Pour remédier au problème, vous pouvez les placer sur un chariot à roulettes. En conclusion, les pots en terre cuite offrent une solution naturelle intéressante, mais ils ne sont pas vraiment adaptés

Les sacs de culture (ci-contre) se transportent facilement, tandis que les pots en plastique sont parfois pourvus d'une cloche (ci-dessous). Cet accessoire permet de protéger les plantes du froid.

aux régions qui connaissent des hivers rudes, ni aux balcons dont la capacité portante est limitée.

• **Le plastique recyclé :** j'insiste sur le qualificatif « recyclé » et je déconseille fortement l'achat d'objets en plastique non recyclé, car notre planète n'a pas besoin de davantage de déchets en plastique. Les contenants en plastique recyclé présentent de nombreux avantages. Ils ne pèsent pas lourd et se déplacent facilement ; ils sont résistants et se déclinent dans un large choix de couleurs et de formes, dont certaines adaptées aux cultures verticales. Ils s'encastrent facilement les uns dans les autres et facilitent ainsi le rangement. À propos des couleurs, un pot en plastique foncé se réchauffe davantage et convient donc parfaitement aux plantes qui exigent beaucoup de soleil et de chaleur, comme les courgettes, les aubergines, les concombres et les tomates.

• **Les sacs de culture :** les sacs et poches en Géotextile® ou autres sont de plus en plus prisés pour le jardinage urbain. Ils offrent en effet de nombreux atouts : ils sont légers et se transportent facilement ; pliables, ils se rangent aisément une fois la saison terminée. Ils garantissent également aux plantes un bon drainage et une excellente aération. Prévoyez en revanche des soucoupes pour éviter les problèmes de voisinage ! Faciles d'emploi et disponibles dans un large choix de

tailles, de formes et de couleurs, les sacs de culture sont la solution idéale pour un potager de balcon, car ils s'adaptent à toutes les situations. Vous pouvez les suspendre, les accrocher aux murs ou les placer sur des rebords de fenêtres. Je les apprécie également pour leur aspect esthétique, qui offre des possibilités d'aménagement originales. Enfin, à condition d'acheter des sacs fabriqués avec des matériaux recyclés, ils contribuent à la préservation de notre planète. Inutile de gaspiller davantage les ressources disponibles !

Les différents types de contenants

Pour choisir des pots, des bacs et des jardinières, la matière dans laquelle ils sont fabriqués n'est pas le seul critère à prendre en considération. Il vous faut également réfléchir à la taille et à la forme. Leur contenance est indissociable de la taille des plantes. Plus une plante est volumineuse, plus elle a besoin de terreau pour développer un système racinaire sain et harmonieux. Je vous conseille d'associer toutes les formes et tailles possibles afin d'optimiser au mieux l'espace disponible.

- **Les pots ordinaires :** ces contenants, les plus courants, sont vendus dans un large choix de tailles. Leur contenance détermine le volume de terreau que vous pourrez y placer. Il existe des modèles munis d'un couvercle ou d'une cloche pour protéger les plantes du froid en hiver.

- **Les jardinières :** elles sont idéales pour optimiser l'espace vertical. Vous pouvez les suspendre à la rambarde du balcon, à un mur, ou les poser sur des étagères murales. Elles peuvent accueillir toutes sortes de plantations : salades, radis, épinards, herbes aromatiques, sans oublier les fleurs pour attirer les insectes pollinisateurs. Je trouve les jardinières très pratiques, car elles se transportent aisément pour déplacer les plantations.

Les fraisiers fleurissent dans ma jardinière. Vivement le moment de la récolte !

Les tables de jardinage conviennent parfaitement aux légumes qui ont besoin d'espace.

• **Les tables de jardinage ou de culture : j**e suis fan de ces sortes de carrés surélevés, qui peuvent accueillir différentes plantations au fil des saisons. Larges et profondes, les tables de jardinage offrent une grande contenance (autour de 50 litres), qui permet d'y placer un important volume de terreau. J'y cultive salades, radis, chou kale, épinards, carottes et navets. Contrairement aux carrés, qui occupent de la place au sol, les tables de jardinage sont surélevées et libèrent un espace précieux au sol, qui peut être exploité pour faire pousser des plantes d'ombre ou pour entreposer du matériel de jardinage, comme des contenants ou de l'outillage. Certains modèles sont pourvus d'un couvercle faisant office de châssis, pour protéger les cultures de la pluie, du vent, du gel et des nuisibles.

• **Les contenants spéciaux : i**ls sont conçus pour répondre aux besoins spécifiques de certaines plantes. Ils leur offrent le volume de terreau approprié et peuvent également servir de supports. Le fabricant Elho® propose des produits ingénieux. À titre d'exemple, son pot à tomates, surmonté d'une structure verticale ronde ou hémisphérique, se prête parfaitement à la culture des tomates cerises ou d'autres plantes qui se développent davantage en hauteur qu'en largeur. Certains modèles sont équipés d'un réservoir d'eau intégré et d'un tuteur modulable. Autre produit du même fabricant, le Veggie Wall®, ou « mur végétal », consiste en une jardinière surmontée d'un support. Idéal pour faire pousser les plantes grimpantes comme les pois, il est livré avec un filet destiné à les maintenir en place. Il existe aussi un grand choix de contenants pour la culture des pommes de terre, l'un de mes préférés étant le PotatoPot®, également chez Elho®. Ce produit se compose de deux pots encastrés : il suffit de soulever celui de l'intérieur pour observer la croissance des pommes de terre. Ce contenant simple et efficace est réutilisable d'une année sur l'autre.

• **La tour à plantations : c**e système élaboré pour cultiver les plantes verticalement représente un gain de place appréciable. Excellente solution pour les petites espèces de fruits et de légumes comme les salades, les aromatiques ou les fraises, il ne convient cependant pas aux plus grandes.

• **Les autres systèmes verticaux :**
Mentionnons encore les sacs de plantation multi-poches que l'on fixe contre un mur. Comme les tours à plantations, ils sont destinés aux petites espèces. Pour les plus grosses, le potager vertical offre davantage d'espace : il consiste en une superposition de jardinières. Ce système se fabrique aisément avec des palettes.

Contenants avec des objets détournés de leur usage initial

Laissez libre cours à votre créativité et mettez vos capacités manuelles en pratique ! Dans votre intérieur, votre grenier ou votre cave, vous trouverez certainement des caisses, corbeilles et autres objets réutilisables qui s'intégreront parfaitement dans votre potager de balcon. Offrez-leur une seconde vie en y cultivant vos fruits et vos légumes ! Quel que soit l'objet, pensez à percer des trous pour le drainage. L'eau doit pouvoir s'évacuer pour éviter que le terreau et les racines pourrissent. Prenez soin également de recouvrir d'une bâche l'intérieur des caisses, des corbeilles et les palettes, sans oublier les trous pour le drainage. Vous trouverez ci-dessous quelques suggestions d'objets qui peuvent être réutilisés, mais sans doute avez-vous déjà beaucoup d'idées en tête.

• **Palettes en bois :** elles font d'excellents contenants pour les herbes aromatiques. Leur transformation exige un peu d'habileté, mais elles apporteront une note de fantaisie dans votre potager. C'est la solution idéale pour exploiter l'espace vertical.

• **Caisses de vin :** elles ne manquent pas de charme et offrent suffisamment de place pour la croissance d'espèces comme les salades, les radis ou les herbes aromatiques. Consolidez-les si besoin pour qu'elles soient bien stables.

• **Emballages en plastique :** beaucoup de denrées alimentaires sont toujours emballées dans des barquettes ou des boîtes en plastique, qui peuvent servir pour accueillir vos plantations. Conservez-les au lieu de les jeter, elles vous seront utiles à un moment ou à un autre. Pour cultiver vos fruits et vos légumes, limitez-vous aux matériaux compatibles avec un usage alimentaire. Dans le cas contraire, des substances toxiques peuvent migrer vers les aliments, réservez donc ces matériaux à la culture des fleurs.

• **Sacs à provisions :** je ne citerai pas de nom, mais qui n'a pas chez soi l'un de ces grands cabas bleu et jaune d'un géant de l'ameublement ? Cela vous dit quelque chose ?

N'hésitez pas à utiliser ces sacs pour vos plantations, ils sont parfaits pour les pommes de terre, par exemple !

- **Canettes en aluminium :** récupérez-les pour faire pousser vos herbes aromatiques. Il suffit de couper l'extrémité supérieure au préalable. Les canettes conviennent aussi parfaitement pour les semis.

- **Bottes et chaussures de marche :** lorsqu'elles sont usées, offrez-leur une seconde vie. Remplissez-les de terreau, ajoutez vos plantations, et laissez pousser ! C'est si simple...

- **Ballon de football dégonflé :** pour le détourner de son usage initial, rien de plus facile. Découpez un morceau et remplissez le ballon de terreau : vous improvisez en un rien de temps un pot original pour vos plantes.

- **Bidet, cuvette de toilettes, baignoire :** les sanitaires peuvent également accueillir des plantations... et vous n'avez même pas besoin de percer des trous pour le drainage !

Ces quelques exemples vous inciteront, je l'espère, à recycler des objets quotidiens usagés plutôt que de les jeter. Vous verrez : vous vous laisserez vite prendre au jeu, car ces objets détournés instilleront des notes ludiques dans votre potager de balcon. Autorisez-vous toutes les fantaisies dans votre petit paradis vert, laissez parler votre créativité ! C'est vous qui décidez, et vous seul. L'essentiel, c'est que votre potager soit productif et que vous vous y sentiez bien.

À CHAQUE ESPÈCE LA BONNE TAILLE

Autre critère important à prendre en compte au moment de choisir vos contenants : leur taille. Pour faire simple, elle dépend des plantations que vous voulez y placer. Exemple : les tomates cerises poussent très bien dans un pot de 10 litres, mais de grosses tomates ou des courgettes y seront beaucoup trop à l'étroit. Prévoyez plutôt un contenant de 18 litres. Après la germination, les grandes espèces doivent être repiquées dans un pot à semis de plus grande taille pour permettre un meilleur enracinement. Sinon, elles ne pourront pas puiser l'eau correctement dans leurs contenants définitifs. Je développe cette question en détail à propos de la culture des tomates, p. 166. Les herbes aromatiques, en revanche, s'accommodent de petits contenants de moins de 7 litres.

Je vous indique ci-après les espèces que je cultive dans des contenants de différentes tailles : pots, jardinières et tables de culture. Ces informations pourront vous guider au moment d'effectuer votre choix.

Cultures en pots

Vous trouverez ci-dessous les contenances pour différents fruits et légumes. N'oubliez jamais cette règle de base : mieux vaut une seule plante saine et vigoureuse plutôt que deux plantes maigrichonnes ! Je vous conseille donc de ne prévoir qu'une plante par pot.

TAILLE DU POT (CONTENANCE)	FRUITS ET LÉGUMES
De 18 à 20 l	Courgette, aubergine, concombre, grosse tomate, chou-fleur, rhubarbe, brocoli
De 10 à 12 l	Tomate cerise, tomate moyenne, poivron, chou frisé, fenouil
De 7 à 9 l	Fraise, framboise, pak-choï, salade, épinard
Moins de 7 l	Aromatiques : aneth, ciboulette, basilic, persil, coriandre, romarin

Cultures en jardinières

Proposées dans un large choix de tailles, les jardinières permettent d'exploiter au mieux l'espace vertical, notamment les rambardes du balcon. J'y cultive principalement des fleurs, des fruits et des légumes de petite taille, ainsi que des herbes aromatiques.

FRUITS ET LÉGUMES	JARDINIÈRE DE 10L, NOMBRE DE PLANTS	JARDINIÈRE DE 15L, NOMBRE DE PLANTS
Salade	3	4
Radis	12	20
Fraise	2	3
Carotte (variétés de petite taille)	8	12
Aromatiques (basilic, aneth, menthe, coriandre, persil)	2	4

Cultures dans des tables de jardinage

J'apprécie beaucoup ces petits carrés potagers montés sur des pieds, que je réserve plutôt aux légumes de petite taille. Là aussi, le nombre de plants que j'y cultive dépend de la taille et de la contenance de la table de jardinage.

FRUITS ET LÉGUMES	JARDINIÈRE DE 10L, NOMBRE DE PLANTS	JARDINIÈRE DE 15L, NOMBRE DE PLANTS
Salade	8-10	20
Radis	40	60
Chou frisé	6	10
Navets	8	14
Épinards	8	14
Carottes	12	22

« Pratiquer le jardinage, c'est tirer des leçons de ses échecs pour progresser. »

DEUX MÉTHODES POUR PRÉPARER LES CONTENANTS

Les graines ont germé et donné naissance à de jeunes plants. Lorsque ces derniers portent les premières vraies feuilles et qu'ils atteignent une taille raisonnable, il est temps de les repiquer dans leur contenant définitif. Je vous explique ci-après comment préparer les contenants et repiquer les jeunes plants. Deux méthodes sont possibles :

❶ La méthode simple

❷ La méthode des lasagnes

La méthode simple en six étapes

C'est la plus facile et la plus rapide à mettre en place. Il vous faut des billes d'argile – vous pouvez les remplacer par de petits cailloux – ainsi que du terreau utilisable en agriculture biologique (voir p. 50).

❶ Prenez un pot vide. S'il ne comporte pas de trous de drainage, percez-en quelques-uns.

❷ Couvrez le fond du pot d'une fine couche de billes d'argile.

❸ Remplissez le pot de terreau jusqu'en haut. Arrosez et tassez. Selon la taille du pot, le terreau doit arriver à 2 ou 3 cm du bord.

❹ À l'aide d'un crayon ou d'un plantoir, creusez un trou de la taille du pot à semis du plant à repiquer.

❺ Placez délicatement le plant dans le trou, tassez le terreau tout autour et arrosez. Si vous utilisez des pots à semis biodégradables, enterrez-les tout simplement avec les plants. Si vous effectuez vos semis dans des coupelles en plastique, sortez délicatement la motte de terre contenant les racines et déposez-la dans le trou.

❻ Couvrez le terreau avec de la paille ou des feuilles mortes. Cette technique porte le nom de paillage. Pour plus de détails à ce sujet, voir p. 112.

1. La méthode simple...

1

2

3

4

5

6

2. … et la méthode des lasagnes.

La méthode des lasagnes en dix étapes

Cette méthode est un peu plus longue que la précédente, mais aussi plus efficace : cela vaut donc la peine de l'essayer. La superposition de différentes couches de matière organique fournit au sol ainsi qu'aux plantes toutes sortes de nutriments utiles.

Il vous faut : des billes d'argile ou de petits cailloux ; du terreau utilisable en agriculture biologique (voir p. 50) ; de la pulpe de bokashi (voir p. 61) prête à l'emploi ou des déchets de cuisine récents. Préparez également de la paille (vous en trouverez dans les animaleries et les jardineries) et un peu de marc de café. Choisissez un contenant suffisamment grand pour la plante (dans la dernière partie du livre, à partir de la page 136, j'indique les tailles recommandées pour chaque espèce).

1. Prenez un pot pourvu de trous de drainage.

2. Couvrez le fond du pot d'une fine couche de billes d'argile.

3. Ajoutez un peu de paille. Des brindilles, des feuilles mortes, du carton (sans impression ni ruban adhésif) ou un peu d'herbe coupée peuvent également convenir.

4. Superposez une couche de terreau de 2 ou 3 cm d'épaisseur, ou mieux, un peu de lombricompost.

5. Saupoudrez un peu de marc de café.

6. Couvrez avec une couche de 5 cm de pulpe de bokashi ou de déchets de cuisine (pelures de légumes ou de fruits). Mélangez des coquilles d'œufs finement broyées pour apporter du calcium (facultatif).

7. Remplissez le pot de terreau presque jusqu'en haut, puis arrosez et tassez légèrement.

8. Creusez un trou dans le terreau pour le plant.

9. Mettez le plant dans le trou, tassez le terreau tout autour et arrosez. Les pots à semis biodégradables peuvent être enterrés avec les plants. Sinon, sortez délicatement du pot à semis la motte de terre contenant les racines.

10. Recouvrez le terreau d'une couche de paillis (paille ou feuilles mortes).

Pour les plantes volumineuses comme les tomates, les aubergines et les courgettes, c'est le moment d'ajouter des tuteurs dans les pots. Vous pourrez y attacher les plantes pour les maintenir en place en cas de vent. Les tuteurs en bambou vendus dans les jardineries sont très pratiques. On les enfonce simplement dans le terreau au pied de la tige, et on y attache cette dernière avec de la ficelle.

LA TECHNIQUE DU PAILLAGE

Essentiel pour les cultures en pots et en jardinières, le paillage est très facile à mettre en place. Il consiste à ajouter à la surface du terreau une couche de paillis – de la matière organique telle que de la paille ou des feuilles mortes.

Trois bonnes raisons de pailler

- Le paillis préserve l'humidité du sol pendant les mois les plus chauds, et sa chaleur durant la saison froide.

- Il évite que les mauvaises herbes colonisent le terreau. C'est un avantage appréciable, car toute la végétation qui pousse dans le contenant puise des nutriments dans le sol.

- La matière organique se décompose au fil du temps et apporte de nouveaux nutriments au sol.

Quels matériaux choisir pour le paillis ?

Il va de soi que vous devez utiliser uniquement de la matière organique biodégradable. Le choix ne manque pas, à commencer par ce que la nature met gratuitement à votre disposition. En automne, par exemple, ramassez les feuilles mortes et déposez-les dans vos contenants. Les copeaux de bois font aussi un excellent paillis. J'utilise surtout de la paille, que je me procure dans une animalerie.

À quel moment pailler ?

Vous pouvez commencer à pailler dès que vous avez repiqué les jeunes plants dans leur contenant définitif. Ainsi, lorsque vous mettez vos plants de tomates en extérieur, ajoutez une couche de paillis, surtout si les températures sont encore fraîches : il préservera le sol et les racines de la fraîcheur. Lorsque vous repiquez vos plantations, après la dernière date de gel présumée, c'est le moment où la nature se réveille et où les mauvaises herbes sortent de terre. Le paillis freine leur prolifération efficacement et de manière naturelle.

LE BON FERTILISANT
AU BON MOMENT

Les principales fonctions des macronutriments sont les suivantes :

- **L'azote (N)** booste la croissance des tiges et du feuillage.
- **Le phosphore (P)** stimule le développement des racines, des fleurs et des fruits.
- **Le potassium (K)** participe à la bonne santé de la plante ; il améliore sa vigueur et sa résistance aux maladies.

L'azote (N) et le potassium (K) sont nécessaires à toutes les phases du cycle de croissance, pour garantir la vitalité de la plante. Mais il peut être judicieux d'augmenter la concentration de tel ou tel élément à une période donnée du cycle de croissance, pour une espèce de fruit ou de légume déterminée. Ce sera notamment le cas si le fertilisant que vous utilisez habituellement contient davantage d'azote et moins de phosphore ou, à l'inverse, davantage de phosphore et moins d'azote.

Les quelques exemples qui suivent vous montreront l'importance d'adapter précisément la fertilisation aux besoins spécifiques des différentes espèces potagères.

- **Un plant de tomates** commence par produire une tige principale et beaucoup de feuillage pendant la phase de développement. Pour lui assurer une croissance optimale, il lui faut alors une concentration élevée en azote et en potassium. Quand vient le moment de la floraison, la formation des fleurs exige beaucoup de phosphore. Lorsque la plante commence à produire des fruits, elle a également besoin d'importantes quantités de phosphore. Si vous lui fournissez uniquement de l'azote pendant toute la durée de la phase de développement, vous favoriserez la formation du feuillage, mais pas celle des fleurs ni des fruits.

- **Les laitues** sont cultivées pour récolter des feuilles saines et tendres, pas des fleurs ni des fruits. Un fertilisant avec une forte concentration en azote et en potassium est donc à privilégier. Une teneur élevée en phosphore n'est pas nécessaire, car vous ne cultivez pas les salades pour leurs fleurs, leurs fruits, ni leurs racines.

- **Chez les légumes-racines** comme les carottes ou les radis, ce sont les racines qui doivent faire l'objet de toutes nos attentions. L'azote et le potassium jouent un rôle déterminant au début de la phase de développement, mais ensuite, c'est une concentration élevée en phosphore qui sera nécessaire pour stimuler la croissance des racines.

J'espère que ces exemples vous aideront à mieux comprendre les enjeux de la fertilisation. Je me suis efforcé de vous présenter la question aussi simplement que possible ; un chimiste ou un pédologue l'approfondirait certainement, en entrant davantage dans les détails. L'approche de ce livre n'est cependant pas scientifique ; son objectif est de vous transmettre des connaissances générales pour vous aider à vous lancer dans le jardinage. Celui ou celle qui apprend à jouer du piano n'attaque pas dès le départ une sonate de Beethoven. Après votre première saison de jardinage, vous aurez sans doute davantage le temps et la curiosité d'approfondir certaines questions.

Les encadrés de cette double-page vous indiquent clairement la façon de procéder pour fertiliser les cultures en fonction de leur cycle de croissance.

❶ **Légumes-feuilles** (laitues, chou kale, blettes, épinards, etc.) **:** la récolte des feuilles exige un fertilisant avec une forte concentration d'**azote** et de **potassium**.

❷ **Légumes-racines** (radis, navets, carottes, etc.) **:** des apports importants d'**azote** et de **potassium** s'imposent au départ pour booster la croissance des parties vertes et favoriser la photosynthèse. Ensuite, privilégiez les apports de **phosphore** et de potassium pour stimuler la croissance des racines. Vous récolterez finalement les racines, pas les feuilles.

❸ **Cycle de croissance long** (tomates, aubergines, courgettes, concombres, fraises, etc.) **:** commencez avec des apports importants d'**azote** et de **potassium** pour booster la croissance des parties vertes et favoriser la photosynthèse. Dès l'apparition des fleurs, privilégiez les apports de **phosphore** pour stimuler la croissance des fleurs puis des fruits.

1. CYCLE DE CROISSANCE COURT – LÉGUMES-FEUILLES (1 à 3 mois)

Semis

1. Semis et culture des jeunes pousses en intérieur
2. Préparation des contenants pour l'extérieur

Phase de développement

3. Jus de bokashi + apports élevés d'**azote** et de **potassium** + soins

Récolte

4. Récolte feuille par feuille ou en totalité
5. Nouveaux semis

2. CYCLE DE CROISSANCE COURT - LÉGUMES-RACINES (1 à 3 mois)

Semis

1. Semis et culture des jeunes pousses en intérieur
2. Préparation des contenants pour l'extérieur

Phase de développement

3. Jus de bokashi + apports élevés d'**azote** et de **potassium** + soins
4. Jus de bokashi + apports élevés de **phosphore** et de **potassium** + soins

Récolte

5. Récolte au bon moment
6. Nouveaux semis

3. CYCLE DE CROISSANCE LONG (3 mois et plus)

Semis

1. Semis et culture des jeunes pousses en intérieur
2. Préparation des contenants pour l'extérieur

Phase de développement

3. Jus de bokashi + apports élevés d'**azote** et de **potassium** + soins

Pendant la phase de floraison :

4. Jus de bokashi + apport élevé de **phosphore** + soins
5. Penser à la pollinisation

Récolte

6. Récolte au bon moment

MA TO-DO LIST PENDANT
LA PHASE DE DÉVELOPPEMENT

Protéger les plantes des températures fraîches

Même si les risques de gel sont écartés au début de la saison de végétation, les températures nocturnes peuvent être un peu trop fraîches pour certaines espèces. Prévoyez des couvercles à poser sur les pots, les jardinières et les tables de jardinage.

Examiner les feuilles

Au début de la phase de développement, les feuilles doivent être d'un vert tendre et uniforme. Si vous constatez des taches jaunes sur certaines, ce signe peut indiquer une carence en nutriments ou une maladie comme le mildiou. Dans ce cas, je vous conseille de fertiliser et d'éliminer les feuilles atteintes. Mieux vaut sacrifier quelques feuilles plutôt que de laisser la maladie se propager à l'ensemble de la plante.

Penser à arroser

Les besoins des plantes en matière d'arrosage varient beaucoup d'une espèce à l'autre. Il convient donc d'adapter l'arrosage aux unes et aux autres. Si les feuilles flétrissent ou s'enroulent, il est grand temps d'arroser. Profitez-en pour observer vos plantes attentivement. L'arrosage ne doit pas être envisagé comme une corvée ou une perte de temps, mais comme une invitation à se détendre et à ralentir !

Vérifier si les plantes sont victimes d'attaques de nuisibles

Là aussi, il s'agit d'inspecter régulièrement les plantes. Si vous repérez des trous sur les feuilles ou des pucerons en dessous, n'attendez pas pour vous débarrasser des intrus ! Je donne des conseils à ce sujet p. 76.

Donner le bon fertilisant

Pensez à fertiliser toutes les 2 ou 3 semaines. Si vous fournissez aux plantes le bon fertilisant au bon moment, elles disposeront de tous les nutriments nécessaires pour une croissance optimale.

Tailler les plantes

N'hésitez pas à éliminer des feuilles lorsqu'elles sont trop nombreuses. La plante concentrera son énergie sur celles qui restent, et elles pousseront mieux. Au départ, je n'osais pas supprimer les feuilles saines. Pourtant, ces petits gestes favorisent la croissance. Les tomates apprécient lorsqu'on coupe le feuillage à la base des tiges. Pensez aussi à retirer les drageons. Pour plus de détails à ce sujet, reportez-vous aux fiches des différentes espèces, à partir de la p. 132.

Penser à la pollinisation

Chez les fruits et les légumes au cycle de croissance long comme les tomates, les concombres, les courgettes ou les aubergines, les premières fleurs ne tardent pas à apparaître, et elles doivent être pollinisées. Les insectes se chargent volontiers de cette tâche, mais vous pouvez les aider par la pollinisation manuelle. Vous trouverez les informations nécessaires à ce sujet pour les différentes espèces à partir de la p. 132.

Donner régulièrement du jus de bokashi

Si vous avez un seau ou un composteur bokashi, récupérez le jus une fois par semaine. Dilué avec de l'eau, il apportera au terreau de précieux nutriments d'origine naturelle et boostera la croissance des plantes.

Tuteurer les plantes

Lorsque la température se réchauffe, les plantes grandissent très rapidement et il faut les attacher toujours un peu plus haut. Prenez toutes les précautions nécessaires pour éviter qu'elles se cassent en cas de vent violent.

Prodiguer de l'affection aux plantes

Prenez le temps de regarder pousser vos plantes et savourez ces moments privilégiés. Photographiez-les aux différents stades de leur croissance. Vous vous étonnerez ensuite que de fragiles pousses aient donné naissance à des plantes aussi vigoureuses, et vous pourrez aussi vous féliciter de vos performances ! Vos plantes apprécieront toutes les petites attentions à leur égard. N'hésitez pas à les toucher, à les sentir, à les protéger. Parlez-leur, chantez-leur des chansons ! Elles méritent bien quelques gestes d'affection en échange de tout ce qu'elles vous donnent.

LE MOMENT TANT ATTENDU : LA RÉCOLTE

Le cycle de croissance atteint son terme : vous allez enfin pouvoir effectuer vos premières récoltes de fruits et de légumes. Quel moment magique ! Vous avez sûrement en tête la minuscule graine que vous avez mise en terre il n'y a pas si longtemps. Vous avez maintenant devant vous une belle plante vigoureuse que vous vous apprêtez à partager avec vos proches et qui, de surcroît, va vous offrir une qualité nutritionnelle optimale.

La récolte n'est pas à prendre à la légère. Cette phase exige elle aussi le respect de certaines règles. Vous trouverez ci-dessous quelques conseils pour l'effectuer dans les meilleures conditions possibles.

Quel est le bon moment pour la récolte ?

Bonne question ! La réponse est simple : le moment de la récolte dépend des espèces et des variétés que vous cultivez. Vous trouverez des informations précises à ce sujet à pour les différentes espèces à partir de la p. 132.

Voici cependant quelques exemples. Prenons le cas de l'aubergine : certaines variétés produisent de petits fruits et d'autres de gros fruits, qui parviennent à maturité à différents moments. Il n'est donc pas possible de donner une indication valable pour toutes les variétés d'aubergines.

Nous avons souvent tendance à attendre un peu pour effectuer nos récoltes, dans l'espoir que les légumes ou les fruits continuent à grossir. Pourtant, il est préférable de récolter un peu trop tôt que trop tard. Ainsi, les légumes au cycle de croissance court comme les salades ou les radis doivent être cueillis dès qu'ils ont atteint leur maturité. Si vous attendez un peu trop, ils montent en fleurs et produisent des graines. L'avantage, c'est que vous pouvez récupérer les graines pour de nouveaux semis. L'inconvénient, c'est que les feuilles et les racines ne sont plus comestibles, car leur saveur et leur texture changent. Les feuilles deviennent amères et les racines filandreuses.

Il en va de même pour les légumes au cycle de croissance long tels que les tomates ou les courgettes : mieux vaut ne pas attendre une fois atteint le stade de maturité. Ainsi, la plante pourra continuer à distribuer son énergie et ses nutriments aux fruits qui sont en train de se former.

Comment effectuer la récolte ?

Là aussi, la réponse dépend de l'espèce ! Les légumes-feuilles comme les salades, le chou kale ou les épinards peuvent être récoltés feuille par feuille, au fur et à mesure de vos besoins. La plante continuera à pousser et à produire de nouvelles feuilles. Vous prélevez les feuilles extérieures et le cœur poursuit sa croissance, n'est-ce pas prodigieux ?

Pour récolter des fruits comme les courgettes, effectuez une rotation afin de les détacher de la tige. Pour les concombres ou les aubergines, il vous faudra une paire de ciseaux. Les radis et les carottes se déterrent tout simplement avec la main. En fait, la technique est différente pour chaque fruit et légume. Mais cette diversité participe aussi aux merveilles de la nature et aux charmes du jardinage !

La récolte est toujours une expérience gratifiante et même fascinante. Quelle que soit la technique utilisée, elle sera pour vous une source de satisfaction et de joie, la récompense de vos efforts et de votre patience. Imaginez le plaisir que vous aurez à cuisiner et à déguster les légumes bio que vous avez cultivés vous-même !

GREEN
LOVE

MA TO-DO LIST PENDANT LA RÉCOLTE

Premier commandement : profiter de ce moment unique !
Faites de votre première récolte un moment festif. Mettez tous vos sens en éveil. Prenez le temps d'apprécier l'odeur, la texture, la saveur de ces fruits et de ces légumes que vous avez cultivés vous-même avec l'aide bienveillante de la nature. Réjouissez-vous de la diversité de produits qu'elle vous offre !

Effectuer des récoltes régulières

Pensez à récolter vos fruits et vos légumes dès qu'ils ont atteint leur stade de maturité. Vous libérez ainsi de l'énergie pour vos plantes afin qu'elles continuent à produire. Faites régulièrement des rondes dans votre potager et inspectez minutieusement vos plantations pour vérifier si des fruits ou des légumes se dissimulent derrière les feuilles. Si vous êtes un as de la chasse aux œufs, vos plantes ne pourront rien vous cacher !

Tailler pour supprimer les feuilles flétries

Pendant la phase de développement et surtout la phase de fructification – et donc celle de la récolte –, il est normal que les feuilles ne soient plus d'un vert uniforme. Il arrive qu'elles jaunissent ou qu'elles brunissent, ce qui est normal aussi. Coupez simplement les tiges portant des feuilles flétries.

Continuer à fertiliser pendant la récolte

Détrompez-vous : ce n'est pas parce qu'une plante commence à fructifier qu'elle n'a plus besoin d'être fertilisée. Au contraire : elle doit être nourrie pendant cette période cruciale, pour donner des premiers fruits sains et savoureux, et pour continuer à produire pendant deux mois ou même davantage. Le guano (excréments d'oiseaux marins) est le fertilisant idéal à ce stade, car il contient beaucoup de phosphore, l'élément dont la plante a justement le plus besoin.

Effectuer de nouveaux semis

Pensez à commencer des semis pour vos prochaines récoltes de salades ou de carottes. Bonne nouvelle : les températures étant désormais clémentes, il est inutile d'effectuer les semis en intérieur ; vous pouvez semer directement en extérieur. Pas besoin non plus de lampe LED de culture, car la luminosité est suffisante. Prenez soin cependant de préserver les jeunes plants du soleil direct.

FINIE LA RÉCOLTE...
ET APRÈS ?

Ne me dites pas que votre table de jardinage remplie de radis ou de salades est déjà vide ! Vous avez tout mangé ? Eh bien j'espère que vous avez apprécié votre première récolte. Bien sûr, vous pouvez toujours entreprendre de nouvelles cultures dans votre table, à condition que ce soit la saison.

S'il est trop tard cette année pour la même espèce, vous pouvez envisager une autre solution : la rotation des cultures – un bon moyen de préparer les récoltes d'automne. À ce propos, le moment est venu de vous expliquer la différence entre les plantes annuelles et pluriannuelles.

Plantes annuelles et pluriannuelles

La nature fait bien les choses, car elle a prévu différentes catégories de plantes. Les annuelles naissent et périssent la même année. Les bisannuelles ont besoin de deux saisons de végétation pour produire des graines, avant de mourir. Quant aux pluriannuelles, elles meurent seulement après plusieurs saisons de végétation. Enfin, les vivaces fleurissent et produisent des graines année après année. À titre d'exemple, le cycle de vie des épinards, des salades et des pois s'achève la première année, après la formation des graines. Les tomates et le basilic sont par nature des plantes pluriannuelles ou vivaces, mais à nos latitudes, elles périssent la première année. Avec de bonnes protections, beaucoup d'arbres et d'arbustes fruitiers, ainsi que les poivrons et les piments, résistent aux rigueurs de l'hiver en pots et peuvent être classés comme des plantes vivaces.

Avant de jeter une plante, vérifiez à quelle catégorie elle appartient (voir les encadrés des différentes espèces, à partir de la p. 132), car certaines peuvent repousser l'année suivante. Depuis plusieurs années, j'ai dans un petit pot des plants de fraisiers des bois qui me gratifient de leurs baies exquises !

Que faire avec des plantes au cycle de croissance court ?

Les salades, les radis et les carottes poussent en continu depuis le début du printemps jusqu'à la fin de l'été. Ensuite, les récoltes ne sont pas terminées, puisque vous pouvez cultiver des légumes d'automne et d'hiver tels que navets, épinards, salades et carottes.

❶ Une fois la récolte terminée, éliminez les restes de racines et/ou de tiges dans le terreau avec un petit râteau.

❷ À l'aide d'un transplantoir, creusez un trou jusqu'au fond du contenant.

❸ Ajoutez un peu de pulpe de bokashi ou de compost

mûr pour apporter au terreau de nouveaux nutriments et de la matière organique fraîche.

❹ Remplissez le trou avec du terreau frais presque jusqu'en haut du contenant.

❺ Tassez, arrosez et plantez.

Que faire avec des plantes au cycle de croissance long ?

Avant d'entreprendre quoi que ce soit, vérifiez à quelle catégorie appartiennent vos plantes : annuelles ou pluriannuelles. **Les pluriannuelles et les vivaces** n'ont pas besoin d'être transplantées ; elles repoussent au même endroit l'année suivante. Pensez simplement à les préserver du gel en les rentrant à l'intérieur ou en leur procurant la protection appropriée. Elles perdront certainement beaucoup de feuilles, et celles qui restent n'auront pas belle allure : peu importe. Devant une fenêtre lumineuse, avec une température comprise entre 10 et 14 °C et un arrosage léger, mais régulier, de nouvelles feuilles apparaîtront au printemps suivant. Si vous n'avez pas de place chez vous et vivez dans une région peu exposée au risque de gel, il suffira de les recouvrir d'un voile d'hivernage ou d'une protection en toile de jute. En revanche, en cas de fortes gelées pendant plusieurs nuits consécutives, rentrez impérativement vos plantes à l'intérieur.

Pour les **plantes annuelles** et celles qui, sous nos latitudes, ne résistent pas au froid et peuvent difficilement être rentrées à l'intérieur, il vous faudra obéir à la loi de la nature et accepter qu'elles meurent la même année. Les feuilles des aubergines, des courgettes et des tomates jauniront et flétriront un peu plus chaque jour. Lorsque les plantes atteignent le stade où elles ne produisent plus de fleurs, il est temps de s'en débarrasser.

Ne désespérez pas ! Commencez par remercier la nature de vous avoir gratifié d'une belle récolte. Vous finirez bien par recréer de la vie dans votre potager de balcon. La nature ne manque ni de ressources ni de bienveillance à notre égard : elle nous offre un large choix de légumes d'hiver.

Il ne vous reste plus qu'à préparer vos contenants pour les plantes au cycle de croissance court, comme indiqué sur la page ci-contre. Installez-y des espèces adaptées à la saison telles que mâche, épinards ou pak-choï. Ou laissez simplement le terreau se reposer jusqu'au printemps suivant !

REPRODUIRE LES ESPÈCES
EN RÉCUPÉRANT LES GRAINES

Au début du livre, je vous ai expliqué la différence abyssale entre les semences hybrides et les semences paysannes anciennes (voir p. 17). Si j'ai réussi à vous convaincre de vous procurer les secondes, tant mieux ! Vous allez pouvoir récolter des graines pour la saison suivante.

La nature est généreuse : une seule plante produit des centaines, voire des milliers de graines de la même espèce. Pour savoir comment récupérer ces graines, lisez ce qui suit.

Graines des plantes au cycle de croissance court (légumes-feuilles et légumes-racines)

Si vous faites pousser des salades ou des radis, je suppose que c'est dans l'idée de les récolter en totalité pour les consommer. Cela vaut néanmoins la peine de laisser un plant en place pour qu'il poursuive sa croissance et qu'il produise des fleurs.

Un plant de salade grandit verticalement. Lorsqu'il atteint sa taille maximale, sa croissance s'arrête et il se met à produire de jolies petites fleurs, qui sont très prisées des abeilles. Quelque temps après, si vous regardez à l'intérieur de ces fleurs, vous découvrez un nombre impressionnant de graines. Attendez encore un peu : lorsque ces graines ressemblent à celles que vous avez semées, il ne vous reste plus qu'à couper les fleurs fanées. Secouez-les au-dessus d'une assiette ou d'un saladier pour les faire tomber et laissez-les sécher. Vous pouvez récupérer ainsi des centaines de graines. Simple comme bonjour !

C'est la même chose avec les radis. La plante produit également des fleurs, mais les graines sont enfermées dans des gousses. Lorsqu'elles brunissent, récoltez-les dans un sac en papier et conservez-les dans un endroit sec, ni trop froid ni trop chaud. Lorsqu'elles sont bien sèches – en automne ou en hiver –, ouvrez-les et récupérez les précieuses graines.

Les espèces bisannuelles comme les carottes fleurissent seulement la seconde année. Elles doivent donc rester en place durant l'hiver pour que vous puissiez récolter les graines.

Graines des plantes au cycle de croissance long

Chez les plantes qui produisent des fruits après la floraison, la collecte des graines se déroule différemment. Les fruits que vous récoltez contiennent les nouvelles graines, que vous pouvez récupérer sans difficulté. Attention cependant : les fruits doivent avoir atteint leur pleine maturité pour que les graines puissent germer.

Ci-contre, de gauche à droite :
graines de concombre, graines de rhubarbe,
graines de radis, graines d'aubergine.
En bas, à droite : graines de salade.

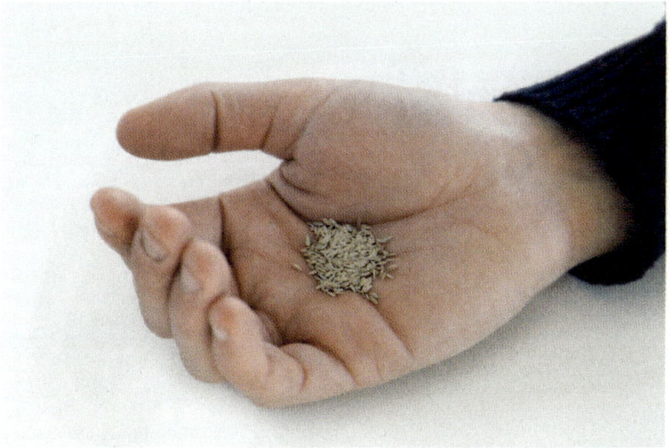

• **Courgette :** coupez-les dans la longueur et prélevez les graines à l'aide d'une cuillère, puis laissez-les sécher sur une feuille de papier absorbant. Vous avez des graines pour l'année suivante !

• **Concombre :** lorsque vous coupez un concombre dans la longueur, les graines sont nettement visibles au milieu. Retirez-les, égouttez-les dans un chinois, puis laissez-les sécher sur une feuille de papier absorbant. Elles seront prêtes quelques jours après.

• **Tomate :** la collecte des graines est un peu plus longue, mais tout aussi simple que pour les exemples précédents. Coupez les tomates en deux et prélevez la gelée qui renferme les graines avec une cuillère. Placez-les dans un saladier ou un verre contenant de l'eau. Un ou deux jours après, elles tombent au fond du récipient. S'il se forme un peu de moisissure, c'est normal, inutile de paniquer ! Rincez les graines et laissez-les sécher sur une feuille de papier absorbant. Vous avez des graines de tomates pour une nouvelle récolte.

Nous voici parvenus au terme de notre fascinante aventure : le cycle de croissance des plantes. Résumons en quelques mots : vous avez mis une graine en terre. Elle a donné naissance à une magnifique plante. Cette dernière a produit des fruits ou des légumes sains et savoureux. Vous avez récupéré les graines de l'un de ces fruits ou légumes pour pouvoir semer la même espèce l'année prochaine. Quel tour de magie !

Au début de ce livre, je vous ai présenté les principes de base du jardinage urbain, après quoi j'ai détaillé les différents cycles de croissance des plantes. Vous possédez désormais les informations nécessaires pour créer votre petit paradis vert au cœur de la ville. Dans le guide des plantes qui suit, je vous invite à explorer leurs spécificités espèce par espèce. J'espère ainsi vous donner toutes les chances de réussite dans la conduite de votre potager de balcon.

LE GUIDE DES PLANTES

Espèce par espèce

LA CULTURE DES ESPÈCES POTAGÈRES EN DÉTAIL

Quelques remarques préliminaires

Les principes de base du jardinage urbain et les différents cycles de croissance des plantes n'ont plus de secrets pour vous : vous possédez maintenant toutes les clés pour créer votre potager de balcon. Néanmoins, les légumes et les fruits n'ont pas les mêmes exigences selon les espèces et les variétés. C'est notamment le cas pour les apports de nutriments, l'arrosage ou l'entretien. Pour obtenir de bonnes récoltes, il est indispensable de connaître précisément les besoins des plantes. C'est ce que je vous propose de découvrir à présent, en examinant chaque espèce potagère.

J'ai réparti les plantes en deux groupes : celles au cycle de croissance court et celles au cycle de croissance long. Pour chacune, après une brève introduction, je détaille ses besoins dans les différentes phases de son cycle de croissance. Un encadré permet de les visualiser rapidement :

• **Densité :** le nombre de plants qui peuvent être cultivés de manière optimale en fonction du type de contenant et de sa taille. Ces recommandations sont le fruit de mon expérience personnelle.

• **Exposition :** la quantité de soleil nécessaire à la croissance :
  – **Soleil** = au moins 6 h de soleil direct.
  – **Mi-ombre** = au moins 3 h de soleil direct et pas plus de 6 h.
  – **Ombre** = moins de 3 h de soleil direct et plusieurs heures d'ombre légère.

• **Semis :** le nombre de semaines avant la dernière date de gel de printemps (pour les cultures de printemps et d'été) ou la première date de gel d'automne (pour les cultures d'automne et d'hiver).

• **Cycle de croissance :** sa durée en mois, depuis le semis jusqu'à la récolte.

• **Cycle végétatif :** la durée de vie de la plante. Les plantes annuelles naissent et meurent la même année.

Les bisannuelles périssent la seconde année. Les pluriannelles vivent plusieurs années. Certaines espèces sont pluriannuelles dans leur région d'origine, mais ne survivent pas à l'hiver à nos latitudes ; elles se cultivent alors comme des annuelles. Au moment de la production des graines, le cycle végétatif permet de savoir si vous devez prévoir de nouveaux semis ou si la plante repoussera l'année suivante – pensez alors à la préserver du gel, en la rentrant à l'intérieur ou en lui offrant une protection appropriée.

- **Arrosage :** la quantité d'eau nécessaire à la croissance de la plante. Les gouttes d'eau correspondent à un arrosage « léger » (1 goutte) ; « modéré » (2 gouttes) ; ou « copieux » (3 gouttes).

- **Entretien :** les soins nécessaires pour une croissance optimale. Les triangles correspondent respectivement à « peu d'entretien » (vert) ; « entretien modéré » (jaune) ; « beaucoup d'entretien » (rouge).

- **Espace :** la taille de la plante à maturité et la place qu'elle occupera sur le balcon ou la terrasse. Certaines espèces exigent beaucoup de place, d'autres ont besoin d'un support ou de tuteurs. Les cases grises indiquent la taille de la plante : « petite » (exemple : la salade) ; « moyenne » (exemple : l'aubergine) ; « volumineuse » (exemple : le concombre, qui pousse horizontalement et verticalement). L'espace nécessaire à la croissance doit être évalué au moment du repiquage des jeunes plants.

Lisez attentivement les informations données pour chaque espèce, afin de répondre au mieux à ses exigences. Dans les encadrés intitulés « Conseils », j'ajoute des remarques supplémentaires, concernant par exemple des variétés que je recommande tout particulièrement, ou des erreurs à éviter autant que possible.

Exemple de la laitue

DENSITÉ
- 2 plants par pot de 4 litres.
- 3 ou 4 plants par jardinière de 10 litres.
- 8 à 10 plants par table de jardinage de 60 litres.

EXPOSITION
- Soleil au printemps, mi-ombre ensuite.

SEMIS EN INTÉRIEUR
- 4 semaines avant la dernière date de gel au printemps.
- 8 semaines avant la première date de gel en automne/hiver.

CYCLE DE CROISSANCE
- 2 ou 3 mois.

CYCLE VÉGÉTATIF
- Annuel.

ARROSAGE 

ENTRETIEN 

ESPACE 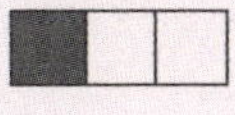

LE JARDINAGE URBAIN AU FIL DES SAISONS

Il y a tant d'espèces à cultiver que vous aurez peut-être l'impression, au départ, de ne pas savoir par où commencer. Vous pouvez cependant répartir vos cultures au fil de l'année, ce qui vous permettra de récolter en permanence des produits de saison.

Si vous disposez d'un espace restreint, je vous conseille vivement d'y installer une table de jardinage : vous pourrez y faire pousser différentes espèces les unes après les autres, du printemps à l'hiver. Si, de surcroît, elle est équipée d'un couvercle, vous pourrez y repiquer vos semis et commencer à jardiner un peu plus tôt dans l'année. Le couvercle fera office de mini-serre. Voici un exemple pour illustrer mon propos : en janvier, j'ai commencé à remplir ma table de jardinage d'épinards d'hiver. Après les avoir récoltés, j'ai continué avec des salades en avril, puis des radis en juin, et une nouvelle culture de radis en juillet. Fin août ont suivi les navets, et j'ai terminé en novembre avec les salades d'hiver.

Dans une seule et même table de jardinage, vous pouvez donc cultiver toutes sortes de légumes au fil des saisons. Alors, imaginez la diversité des récoltes que vous pourrez obtenir avec seulement trois ou quatre tables ! Votre potager de balcon vous fournira de bons légumes bio tout au long de l'année, des produits de saison et on ne peut plus locaux.

Si vous avez la chance de pouvoir augmenter la superficie de votre potager en installant davantage de tables de jardinage et de pots, d'autres possibilités s'offriront à vous. Dans ce cas, je préconise de réserver une partie des tables ou des pots à certaines cultures. Supposons que vous disposiez de quatre tables de jardinage : dans l'une d'elles, vous pourrez cultiver uniquement des laitues du printemps à l'hiver – différentes variétés, adaptées aux saisons. Vous réserverez une autre table à la culture des radis, du printemps à la fin de l'automne ; vous pourrez effectuer une douzaine de récoltes en tout ! Quand les températures baissent, remplacez les radis par une autre espèce – des navets, par exemple. Si vous aimez le chou kale, installez six plants dans une table de jardinage, sans les serrer ; vous pourrez compter sur une récolte continue de ce précieux légume du printemps à l'automne. Dans la dernière table, cultivez des carottes – profitez-en pour découvrir différentes variétés au fil des saisons. En conclusion, les tables de jardinage s'adaptent parfaitement à vos goûts et à vos besoins. Il suffit de réfléchir à la manière dont vous pouvez les optimiser.

Comme les tables de jardinage, les pots et les jardinières offrent eux aussi une grande souplesse et permettent d'exploiter leur potentiel au mieux. Lorsque, à la fin de l'été, vos plants de tomates en

pots manifestent des signes de faiblesse, remplacez-les par du fenouil ou du brocoli. Idem pour les jardinières : lorsque la saison des radis tire à sa fin, passez aux épinards. La rotation des cultures s'adapte parfaitement aux saisons : les variétés d'été laissent la place aux semis d'automne et d'hiver.

Chaque fois qu'une récolte est terminée, prenez soin d'enrichir votre terreau avec de nouveaux nutriments, avant d'effectuer un semis ou de repiquer des plants. À l'aide d'un petit râteau, retirez les restes de racines, enfouissez un peu de pulpe de bokashi ou de compost bien décomposé, et remplissez si besoin avec du nouveau terreau. Le contenant est prêt pour une nouvelle culture. Ces quelques préparatifs nécessitent bien sûr un peu de travail, mais ce n'est rien comparé à la satisfaction de pouvoir récolter des légumes sains et savoureux sur votre balcon tout au long de l'année.

Il ne me reste plus qu'à vous inciter à essayer en permanence de nouvelles espèces et à découvrir le vaste choix de variétés offertes selon les saisons. Vous verrez : il existe des milliers de possibilités, vous ne vous ennuierez jamais. Le jardinage est une activité stimulante, et n'oubliez surtout pas de rêver ! Je vous souhaite beaucoup de plaisir et de découvertes dans votre aventure au fil des saisons, elles participent aux charmes du jardinage, y compris dans un potager de balcon.

Le guide des espèces commence avec les cultures au cycle de croissance court, c'est-à-dire les espèces potagères qui exigent moins de quatre mois entre le semis et la récolte. Suivent les cultures au cycle de croissance long (les espèces pour lesquelles il faut compter plus de quatre mois entre le semis et la récolte).

LAITUES
FRAÎCHES ET TENDRES

Ludique et facile, la culture des laitues convient parfaitement aux débutants. Je m'étonne toujours que des graines aussi minuscules puissent donner des rosettes de feuilles aussi volumineuses. Les laitues n'exigent pas beaucoup de soleil ni beaucoup d'espace pour développer leur système racinaire, mais elles prennent de la place à maturité. L'un de leurs atouts est l'immense choix de variétés adaptées aux saisons, toutes aussi savoureuses les unes que les autres. De la dernière date de gel au printemps à la première en hiver, vous récolterez des laitues en continu sur votre balcon.

LES SEMIS

Vous pouvez effectuer le premier semis de l'année 4 semaines avant la dernière date de gel – par exemple avec la variété 'Reine de mai'. Semez en intérieur, à 1 cm de profondeur maximum, à raison d'une graine par petit pot, ou plusieurs graines dans des contenants plus grands. Avec une seule graine par pot, le repiquage sera plus facile. Les graines germent au bout de 7 à 10 jours. Dès que les jeunes plants comptent deux ou trois petites feuilles et que tout risque de gel est écarté, vous pouvez les repiquer en extérieur.

LE DÉVELOPPEMENT

Pour repiquer les jeunes plants à leur emplacement définitif (voir la densité recommandée dans l'encadré), pensez à la taille approximative qu'ils atteindront à maturité. Les différentes variétés de laitues se différencient par l'aspect et la saveur, mais également par le mode de croissance : la batavia pousse plutôt en largeur et exige donc de la surface au sol, tandis que la romaine se développe plutôt en hauteur. Ne serrez pas trop les plants, afin qu'ils aient suffisamment de place pour une croissance optimale. Au début du printemps, les températures peuvent être encore fraîches ; dans ce cas, je vous conseille de couvrir les plants la nuit.

En dehors d'un arrosage régulier pour maintenir le terreau humide, les laitues n'exigent pas de soins particuliers. Vous pouvez fertiliser avec un produit à forte concentration en azote et en potassium. Les laitues n'ont cependant pas besoin de grandes quantités de nutriments si le terreau est de bonne qualité.

LA RÉCOLTE

Comptez 2 ou 3 mois entre le semis et la récolte. Vous avez le choix entre couper les têtes entières, une fois parvenues à maturité, ou les récolter feuille par feuille, à la manière des laitues à couper, en fonction de vos besoins. Les plants restent en terre et continuent à pousser en produisant de nouvelles feuilles que vous pouvez récolter. Arrive un moment, cependant, où la laitue pousse en hauteur et se met à fleurir. Les feuilles rapetissent alors et deviennent amères.

— CONSEILS —

Les tables de jardinage sont idéales pour la culture des laitues. Elles peuvent accueillir beaucoup de plants, et au début du printemps, les couvercles transparents offrent une protection optimale contre la fraîcheur.
Au printemps, les laitues apprécient le soleil ; ensuite, mieux vaut les placer à mi-ombre, pour éviter qu'elles ne poussent trop vite. Heureusement, les contenants se déplacent aisément !
Vous pouvez récolter des laitues en continu : deux semaines après avoir repiqué les premiers plants en extérieur, faites un nouveau semis. Les nouveaux plants seront bons à être repiqués à la place des premiers une fois leur récolte terminée.

DENSITÉ
- 2 plants par pot de 4 litres.
- 3 ou 4 plants par jardinière de 10 litres.
- 8 à 10 plants par table de jardinage de 50 litres.

EXPOSITION
- Soleil au printemps, mi-ombre ensuite.

SEMIS EN INTÉRIEUR
- 4 semaines avant la dernière date de gel au printemps.
- 8 semaines avant la première date de gel en automne/hiver.

CYCLE DE CROISSANCE
- 2 ou 3 mois.

CYCLE VÉGÉTATIF
- Annuel.

ARROSAGE 

ENTRETIEN 

ESPACE 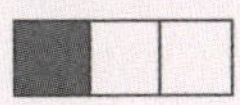

RADIS
PIQUANTS ET CROQUANTS

Racines comestibles et savoureuses que l'on grignote volontiers à tout moment de la journée, les radis se cultivent facilement sur un balcon et comblent les attentes des plus impatient·e·s : à peine sont-ils semés que vous pouvez déjà penser à les récolter. Imaginez les poignées de jolis radis bio que vous allez tenir dans vos mains ! De plus, ils vous offriront leur texture croquante et rafraîchissante du printemps au début de l'automne. Et vous ne vous en lasserez pas, car ils se déclinent dans de très nombreuses variétés – de forme allongée ou arrondie, de couleur blanche, rose, rouge, violacée ou même noirâtre. Ils poussent bien dans les jardinières et encore mieux dans les tables de jardinage (je récolte habituellement entre 40 et 60 radis dans ma table). Le cycle de croissance du radis est relativement court. La plupart des variétés se récoltent au bout de 6 semaines, certaines au bout de 18 jours seulement.

LES SEMIS

Les radis n'exigent pas de semis en intérieur et se sèment directement en extérieur. Je vous livre ma méthode, d'une simplicité enfantine : avec un crayon ou un plantoir, faites des trous d'1 cm de profondeur dans le terreau, à 5 cm de distance. Déposez une graine dans chaque trou, recouvrez de terreau, tassez légèrement et arrosez. Il existe une méthode encore plus simple : les rubans de graines prêts à l'emploi. Fabriqués dans un matériau biodégradable, ils contiennent des graines de radis disposées à la distance appropriée. Posez-les à la surface du sol, arrosez, et recouvrez avec 1 cm de terreau. Il ne vous reste plus qu'à attendre un peu.

LE DÉVELOPPEMENT

Les graines germent généralement au bout de 5 à 7 jours. De petites feuilles apparaissent en premier, puis les radis poussent dans le sol. Si vous repérez deux pousses trop proches l'une de l'autre, retirez-en une pour que l'autre puisse se développer comme il faut. Les radis n'ont pas besoin de grandes quantités d'eau, mais le terreau ne doit jamais s'assécher. Sinon, ils ont peu d'exigences. Au départ, une fertilisation avec une forte concentration en azote et en potassium est recommandée. Dès que le feuillage est bien formé, privilégiez un produit à forte concentration en phosphore pour stimuler la croissance des racines.

LA RÉCOLTE

Surveillez la croissance pour récolter les radis au bon moment. La variété de 18 jours reste petite et doit être ramassée à temps ; des variétés comme 'Petit déjeuner français' sont plus grosses. Voici une astuce pour avoir une idée de la taille des radis : généralement, un tiers de la racine dépasse de la surface du sol, le reste est enterré. Mais le plus simple est encore de déterrer un radis et de le goûter. Plus vous attendez pour ramasser vos radis, plus ils seront piquants. Et consommez-les dès que possible, car ils perdent vite leur fraîcheur et leur croquant.

— CONSEILS —

Productive et goûteuse, la variété 'Petit déjeuner français' offre l'équilibre parfait entre taille et saveur.
Une fois la première récolte achevée, retirez les restes de racines à l'aide d'un râteau. Arrosez, tassez légèrement le terreau et semez avec la technique du crayon ou du plantoir. De nouvelles pousses ne tarderont pas à apparaître.
Par temps chaud, les radis produisent rapidement des fleurs. La récolte doit être effectuée à temps, sinon, ils deviennent creux et perdent leur saveur.

DENSITÉ

- 12 radis par jardinière.
- De 40 à 60 radis par table de jardinage.

EXPOSITION

- Soleil, mi-ombre ou ombre.

SEMIS EN EXTÉRIEUR

- Après la dernière date de gel de printemps.
- 4 semaines avant la dernière de gel d'automne/d'hiver.

CYCLE DE CROISSANCE

- 1 ou 2 mois.

CYCLE VÉGÉTATIF

- Annuel.

ARROSAGE

ENTRETIEN

ESPACE

CHOU KALE
FRISÉ ET SAIN

Le chou kale sera du plus bel effet dans votre potager de balcon. Il le rehaussera de ses jolies feuilles frisées, aux nombreux bienfaits pour la santé, qui donnent parfois naissance à un véritable petit arbuste, appelé « palmier du Nord » (l'espèce est très connue dans le nord de l'Europe). Peu calorique et riche en vitamines A, K et C, ce chou fait partie des légumes les plus riches en nutriments. Parmi ses nombreux atouts figure sa culture facile, qui exige peu de soins. Vous pouvez commencer à faire pousser ce superaliment dès le début du printemps – les températures fraîches boostent sa croissance – et continuer jusqu'à la fin de l'été. De nombreuses variétés résistantes au froid se cultivent également en hiver. On dit même que le gel améliore la saveur du chou kale.

LES SEMIS

Commencez à semer au printemps, 6 semaines avant la dernière date de gel prévue. Les jeunes plants auront ainsi suffisamment de temps pour se développer dans de bonnes conditions en intérieur, avant d'être repiqués en extérieur. Semez à 1 cm de profondeur, à raison d'une graine par pot. La germination intervient généralement au bout de 5 à 8 jours.

LE DÉVELOPPEMENT

Le chou kale se cultive parfaitement dans une table de jardinage, mais les pots conviennent également. Je recommande un pot de 10 litres par plant pour obtenir un joli petit arbuste en forme de palmier. Dans une table de jardinage, j'installe 6 plants maximum. L'emplacement et l'exposition à privilégier dépendent entièrement de la saison. Au printemps, lorsque les températures sont encore fraîches, le chou kale s'accommode parfaitement du plein soleil. En été, un emplacement à mi-ombre lui conviendra beaucoup mieux. N'hésitez pas à déplacer vos contenants selon les besoins des plants. Pour leur assurer une croissance optimale, prévoyez toutes les 2 ou 3 semaines une fertilisation à forte concentration en azote et en potassium. Le chou kale étant vulnérable aux attaques de pucerons, inspectez régulièrement le dessous des feuilles et agissez en conséquence. Vous pouvez choisir d'abandonner un plant aux pucerons. Tant qu'il sera sain, ils y resteront et laisseront les autres plants tranquilles. Ce moyen de lutte vous paraît peut-être aléatoire, mais cela vaut la peine de l'envisager.

LA RÉCOLTE

Le chou kale offre l'avantage de pouvoir se récolter feuille par feuille, ce qui permet de conserver sa magnifique tige. Pour prélever des feuilles, coupez les plus grandes, à la base. Le plant continuera à grandir, en produisant de nouvelles feuilles. Avec un peu de chance, un pied planté en extérieur au printemps vous approvisionnera jusqu'au début de l'automne. La deuxième année, vous ne récolterez presque rien, mais le plant fleurira, et vous pourrez récupérer des graines pour les semer. Prenez soin au préalable d'apporter des nutriments au terreau !

CONSEILS

En cueillant le chou kale feuille par feuille, vous obtiendrez une récolte continue tout au long du printemps et de l'été.
Des variétés telles que 'Halbhoher Grüner Krauser' peuvent être cultivées du début du printemps à la fin de l'été. Passez ensuite à une variété résistante au gel comme 'Rouge de Russie'.

Vous cherchez des idées pour vos apéritifs et autres grignotages ? Faciles à préparer, les chips de chou kale sont idéales. Récoltez quelques feuilles, ajoutez de l'huile d'olive et du sel, puis enfournez jusqu'à ce qu'elles soient croustillantes. Un délice !

DENSITÉ

- 1 plant par pot de 10 litres.
- 5 ou 6 plants par table de jardinage.

EXPOSITION

- Soleil ou mi-ombre.

SEMIS EN INTÉRIEUR

- 4 semaines avant la dernière date de gel de printemps.
- 6 semaines avant la première de gel d'automne/hiver.

CYCLE DE CROISSANCE

- 3 mois.

CYCLE VÉGÉTATIF

- Bisannuel (récolte la 1re année seulement).

ARROSAGE

ENTRETIEN

ESPACE

CAROTTES
SUCRÉES ET CROQUANTES

Bonne nouvelle pour celles et ceux qui adorent grignoter des carottes croquantes : ce légume simple se cultive facilement sur un balcon ou une terrasse ! Je précise cependant que, contrairement au radis, la carotte a besoin de profondeur pour pousser, ce que vous devrez bien sûr prendre en compte au moment de choisir les contenants. Pour vous garantir de bonnes récoltes, je vous recommande les variétés de petite taille, davantage adaptées à la culture en pots.

LES SEMIS

Vous pouvez semer les carottes directement en place, dans leurs contenants définitifs, mais je trouve plus commode de faire pousser de jeunes plants dans des pots à semis. Le moment venu, vous les repiquerez facilement à la distance voulue. Semez les graines dans les pots à 1 cm de profondeur et maintenez le terreau humide. Selon la variété, les graines germent au bout de 14 à 21 jours. Cela vous paraît long ? Eh oui, mais c'est ainsi – une preuve supplémentaire que le jardinage est le moyen idéal de faire l'apprentissage de la patience.

LE DÉVELOPPEMENT

Des contenants profonds sont indispensables afin que les carottes aient suffisamment de place en hauteur pour se développer correctement. Elles ont également besoin d'espace dans la largeur : prévoyez au moins 10 cm de distance entre les plants. S'ils sont trop serrés, les carottes auront du mal à grossir. Un arrosage régulier est essentiel ; le terreau ne doit jamais s'assécher, mais rester humide en permanence. Un arrosage copieux, mais irrégulier, fera éclater les carottes. Au départ, elles apprécient un fertilisant à forte concentration en azote et en potassium. Mais dès que le feuillage est bien formé, elles exigent d'importants apports de phosphore et de potassium. Ces éléments boosteront la croissance des racines – ce ne sont pas les feuilles que l'on récolte, mais les racines. L'apport d'azote doit donc être réservé au début du cycle.

LA RÉCOLTE

Le bon moment pour la récolte n'est pas facile à déterminer, mais je vais vous donner une astuce : en retirant un peu de terreau avec le doigt à la base de la tige, vous découvrez l'extrémité supérieure de la carotte. Vous pouvez ainsi évaluer si elle est suffisamment grosse (la taille dépendant de la variété). J'avoue que la récolte de la carotte est un peu une affaire de chance. Mais lorsqu'on en a et qu'on déterre des spécimens de taille imposante, quelle satisfaction ! Pour récolter les carottes, saisissez la base des tiges à pleine main et tirez doucement vers le haut, jusqu'à ce que vous entendiez un léger craquement : c'est le bruit que font les carottes en se détachant des radicelles.

CONSEILS

Choisissez impérativement des variétés de petite taille. Les grosses variétés sont adaptées à la culture en pleine terre, dans un jardin.
Prenez le temps de vous renseigner sur les variétés paysannes anciennes, le choix est immense. Certaines sont adaptées à une saison en particulier. Que diriez-vous de carottes de différentes couleurs ? Les mélanges de graines permettent de cultiver des carottes aux coloris variés.
Dès que le feuillage est bien développé, arrêtez la fertilisation à l'azote ! Sinon, les feuilles continueront de pousser au détriment des racines.
Laissez quelques carottes en terre : elles fleuriront l'année suivante, et vous pourrez récolter des graines.

DENSITÉ
- 6 plants par pot de 12 litres.
- 8 plants de mini-carottes par jardinière de taille normale.
- De 12 à 22 plants par table de jardinage.

EXPOSITION
- Soleil, mi-ombre ou ombre.

SEMIS EN INTÉRIEUR
- 4 semaines avant la dernière date de gel de printemps.
- 12 semaines avant la première date de gel d'automne/d'hiver.

CYCLE DE CROISSANCE
- 3 mois.

CYCLE VÉGÉTATIF
- Bisannuel (fleurit la 2e année).

ARROSAGE

ENTRETIEN

ESPACE

BLETTES
AUX COULEURS VARIÉES

Connaissez-vous ces grandes feuilles vert foncé, avec des nervures et des cardes – ou côtes – de couleur rouge, jaune, orange ou violette ? Si ce n'est pas le cas, je vous invite à essayer ce légume par curiosité. Vous ne le regretterez pas : les blettes (également appelées bettes) apporteront des notes de couleur sur votre balcon. Peu caloriques, elles sont riches en magnésium, en fer et en potassium, ainsi qu'en vitamines A, C et K. Les blettes appréciant les températures fraîches, des semis au printemps et en automne sont donc parfaits.

LES SEMIS

Il peut être effectué 4 semaines avant la dernière date de gel de printemps. Semez à 2 cm de profondeur, à raison d'une graine par pot. La germination intervient au bout d'1 ou 2 semaines. Une graine donne généralement naissance à 2 ou 3 pousses, mais vous n'avez besoin que d'une seule. Laissez-les grandir quelques jours pour voir celle qui paraît la plus vigoureuse. Conservez-la, déterrez les autres avec soin et mettez-les au compost.

LE DÉVELOPPEMENT

Les blettes tolèrent généralement les gelées faibles, vous pouvez donc repiquer les plants en extérieur avant la dernière date de gel de printemps. Prévoyez néanmoins une cloche pour les protéger. Un pot de 10 litres suffit pour un plant, mais plus le pot est grand, plus la plante se développera. Fertilisez toutes les 2 ou 3 semaines avec un produit à forte concentration en azote et en potassium, afin de stimuler la croissance des tiges et des feuilles.

LA RÉCOLTE

Les blettes se récoltent feuille par feuille. Cassez les tiges des feuilles basales et extérieures, ou détachez-les à l'aide d'un sécateur pour obtenir une coupe nette. Les blettes peuvent se consommer cuites ou crues, et apportent de nombreux nutriments. Sachez cependant que crues, elles renferment beaucoup d'acide oxalique ; il convient donc de les consommer avec modération. Si vous souffrez d'une carence en fer ou de maux d'estomac, il est préférable de les cuire.

CONSEILS

Si vous ne parvenez pas à vous décider quant à la couleur des blettes, optez pour un mélange de graines de différents coloris.
N'oubliez pas : après la germination, laissez uniquement la pousse la plus vigoureuse dans chaque pot et éliminez les autres !
Les températures élevées favorisent la formation des fleurs. Il convient donc d'effectuer la récolte avant ce stade, ou de déplacer la plante dans un endroit ombragé.
Si votre plant de blettes porte déjà des fleurs, taillez la tige principale à 10 cm du sol. Avec un peu de chance, il produira des tiges latérales dès que les températures baisseront. Ou laissez-le fleurir et récupérez les graines pour un prochain semis.

DENSITÉ
- 1 plant par pot de 10 à 12 litres.

EXPOSITION
- Soleil, mi-ombre ou ombre.

SEMIS EN INTÉRIEUR
- 4 semaines avant la dernière date de gel de printemps.
- 10 semaines avant la première date de gel d'automne/d'hiver.

CYCLE DE CROISSANCE
- 2 ou 3 mois.

CYCLE VÉGÉTATIF
- Bisannuel (fleurit la 2e année).

ARROSAGE

ENTRETIEN

ESPACE

POIS
POUR LES PRINCESSES… MAIS PAS QUE

Au printemps, la culture des pois métamorphosera votre balcon en une oasis de verdure luxuriante remplie de splendides fleurs. Les pois sont des plantes grimpantes qui poussent abondamment en hauteur ainsi qu'en largeur. À vous, donc, d'optimiser au mieux l'espace vertical. Pour une récolte digne de ce nom, il vous faudra une grande jardinière complétée d'un support. Ce dernier est essentiel, car quel que soit le volume de la plante, elle sera fragilisée en cas de vent violent. Il vous reste à trouver un endroit qui pourra servir de support à la plante : un treillis fixé contre un mur ou la rambarde de votre balcon, par exemple.

LES SEMIS

Vous pouvez faire le semis en intérieur ou en extérieur. Dans le premier cas, semez 6 semaines avant la dernière date de gel de printemps, à raison d'une graine par pot à semis. En effet, les jeunes plants développant rapidement un système racinaire dense, le repiquage sera plus facile avec un seul plant par pot. Attention : les jeunes plants montent haut et leurs tiges sont très fragiles. Placez-les contre un mur pour qu'ils puissent s'y adosser. Vous pouvez aussi semer directement en extérieur, dans le contenant définitif, après la dernière date de gel de printemps.

LE DÉVELOPPEMENT

Le repiquage des jeunes plants ou le semis en extérieur doivent s'effectuer impérativement après la dernière de gel de printemps. En effet, les plants, très fragiles, ne supportent pas les moindres gelées. Vous pouvez semer 5 ou 6 graines dans un pot de 12 litres, 7 ou 8 graines dans un pot de 15 litres. Posez les contenants sur le sol, afin que les plants puissent pousser verticalement, et attachez-les à un support. Les jardinières surmontées d'un treillis ou d'un filet sont une bonne solution. Un système de tuteurage offre le soutien idéal et protège du vent. Dans un grand contenant d'environ 40 litres, vous pouvez semer 16 graines, ou repiquer le même nombre de plants. Les pois n'exigent pas nécessairement le plein soleil ; ils peuvent pousser à mi-ombre ou même à l'ombre.

Au départ, fertilisez avec un produit à forte concentration en azote et en potassium pour stimuler la croissance des tiges et des feuilles. Mais dès l'apparition des premières fleurs, privilégiez les apports de phosphore pour favoriser le développement des fleurs et récolter des pois savoureux.

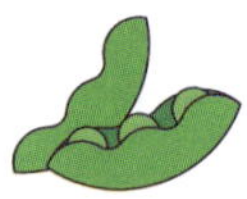

LA RÉCOLTE

Les ravissantes fleurs produisent rapidement les premières gousses, généralement au bout de 3 semaines. Récoltez uniquement les gousses épaisses et fermes : elles paraissent prêtes à éclater, car elles contiennent souvent jusqu'à 10 pois. Les pois peuvent se grignoter crus. Récoltez-les si possible deux ou trois fois par semaine, vous stimulerez ainsi la croissance des fleurs et la production de pois. Lorsqu'il n'y a plus de fleurs ni de gousses à récolter, vous pouvez jeter les plants. Ne désespérez pas : à la fin de l'été, vous pourrez faire de nouveaux semis. Taillez les plants au ras du sol, mais laissez les racines en terre. Elles seront une précieuse source d'azote pour vos prochaines plantations de pois.

— CONSEILS —

Pour improviser un support à moindres frais, faites appel à votre créativité : tendez des morceaux de ficelle, construisez un treillis en bois, intégrez la rambarde du balcon ou utilisez un filet.

J'ai un faible pour la variété paysanne ancienne 'Capucine', ou 'Blauwschokker'. Elle produit de magnifiques fleurs et des gousses violet foncé ! Dans les régions au climat frais, deux semis annuels sont possibles : au printemps et à la fin de l'été.

DENSITÉ
- 5 ou 6 plants par pot de12 litres.
- 7 ou 8 plants par jardinière de 15 litres.
- 16 plants par table de jardinage ou jardinière avec treillis (Veggie Wall®, 37 litres).

EXPOSITION
- Soleil, mi-ombre ou ombre.

SEMIS EN INTÉRIEUR
- 6 semaines avant la dernière date de gel de printemps.
- 12 semaines avant la première date de gel d'automne/d'hiver.

CYCLE DE CROISSANCE
- 2 ou 3 mois.

CYCLE VÉGÉTATIF
- Annuel.

ARROSAGE

ENTRETIEN

ESPACE

POMMES DE TERRE
FRAÎCHEMENT RÉCOLTÉES

Français vivant en Allemagne, je partage l'affection très particulière que mes nouveaux compatriotes portent à la pomme de terre. Je raffole de ce légume, et je suis ravi de pouvoir le faire pousser sans problème sur mon balcon. La pomme de terre exige peu de soins. Premier conseil : choisissez des variétés au cycle de croissance court.

LA MISE EN GERMINATION

On ne peut pas parler de semis pour les pommes de terre, car ce ne sont pas des graines que l'on met en terre pour reproduire la plante, mais des tubercules. Pour vous procurer des tubercules, vous avez deux possibilités : acheter des plants certifiés, produits spécifiquement pour la reproduction ; ou utiliser des pommes de terre bio, qui n'ont pas été traitées avec un produit antigerminatif. En regardant de près des tubercules, vous distinguez des « yeux » (de petites taches foncées) : c'est là que les germes apparaîtront. Placez les tubercules dans une boîte à œufs ou une caisse en bois, dans une pièce claire, à une température comprise entre 10 et 15 °C. Ils germeront 4 semaines après. Pensez ensuite à diriger les germes vers le haut.

LE DÉVELOPPEMENT

Dès que les tubercules ont germé, plantez-les dans des contenants – des pots ou des sacs de culture – après la dernière date de gel de printemps. Il est important que le terreau soit aéré. Plus il est compact, plus les pommes de terre seront petites, car elles ont besoin de beaucoup de place pour se développer.

Plus le contenant est grand, plus vous pouvez cultiver de pommes de terre. Remplissez-le de terreau aux deux tiers de la hauteur, puis ajoutez les tubercules, en veillant à diriger les germes vers le haut. Remplissez le reste du contenant de terreau. Tassez légèrement et arrosez.

Le terreau doit être à une température minimale de 10 °C pour garantir une croissance optimale aux pommes de terre. Placez les contenants dans un endroit ensoleillé sur le balcon : plus ils recevront de soleil, mieux ce sera. Veillez ensuite à maintenir le terreau humide, sans toutefois l'inonder. Pour vérifier si vous devez arroser, enfoncez la moitié d'un doigt dans le sol. Si le bout du doigt ressort sec, il est temps d'arroser.

Pour la fertilisation, les pommes de terre aiment beaucoup le marc de café. Il contient tous les nutriments nécessaires et enrichit le sol. Il apporte aussi un peu d'acidité dans le sol, ce que les pommes de terre apprécient également. Ajoutez le marc de café à la surface du terreau, puis arrosez. Au départ, vous pouvez fertiliser avec un produit à forte concentration en azote et en potassium, vous stimulerez ainsi la croissance du feuillage. Une fois que les feuilles se sont bien développées, au bout de quatre semaines environ, privilégiez les apports de phosphore et de potassium.

LA RÉCOLTE

Contrairement à d'autres espèces potagères, le moment de la récolte est très facile à déterminer pour les pommes de terre. Lorsque vous voyez que les tiges et les feuilles jaunissent ou brunissent, il est temps de les récolter. Il existe des contenants conçus spécifiquement pour la culture des pommes de terre. Je vous recommande particulièrement le PotatoPot® (voir p. 101) : constitué de deux pots encastrés, il permet d'observer la croissance des pommes de terre. Pour les récolter, retournez le pot au-dessus d'un grand sac de courses, puis fouillez le terreau avec les mains et récupérez les pommes de terre. Avant de les consommer, prenez soin de les entreposer pendant deux semaines dans un endroit sombre : elles seront ainsi plus tendres et parfumées.

— CONSEILS —

Les sacs de culture en textile, ou même les grands cabas destinés aux courses, sont parfaits pour faire pousser des pommes de terre. Le sol sera mieux aéré et moins compact que dans les autres contenants. Dès que les parties aériennes vertes du plant de pommes de terre sont bien développées, une fertilisation à forte concentration en phosphore et en potassium s'impose pour stimuler la croissance des parties souterraines, les tubercules.
Les plants de pommes de terre ont besoin de place pour être productifs. Comptez 2 tubercules pour 12 litres de terreau.

DENSITÉ
• 2 tubercules par pot de 12 litres.

EXPOSITION
• Soleil ou mi-ombre.

MISE EN GERMINATION
• 4 semaines avant la dernière date de gel de printemps.

CYCLE DE CROISSANCE
• 3 ou 4 mois.

CYCLE VÉGÉTATIF
• Annuel.

ARROSAGE

ENTRETIEN

ESPACE

ÉPINARDS
DES BIENFAITS INSOUPCONNÉS

N'hésitez pas à faire pousser des épinards sur votre balcon ! Ils vous rappelleront Popeye, qui mangeait des quantités d'épinards en boîte – il était persuadé que leur teneur élevée en fer lui donnerait une force exceptionnelle. Cette histoire, qui vient des États-Unis, est une idée marketing inventée de toutes pièces par les fabricants de conserves. C'est un fait : les épinards contiennent du fer, mais pas autant que le prétendait Popeye. Ils renferment également d'autres minéraux tels que le magnésium et le calcium, et beaucoup de vitamine C. Les épinards cultivés sur votre balcon seront meilleurs que ceux en conserve, et ils vous gratifieront de deux récoltes : au début du printemps et à la fin de l'été.

LES SEMIS

Les épinards affectionnent les températures fraîches. Vous pouvez donc faire vos semis 8 à 10 semaines avant la dernière date de gel de printemps, et de nouveau à la fin de l'été, pour une récolte en automne ou en hiver. Les graines se sèment à 1 cm de profondeur et germent au bout de 5 à 10 jours. Dès l'apparition de deux petites feuilles vigoureuses, les jeunes plants peuvent être repiqués en extérieur.

LE DÉVELOPPEMENT

Pour repiquer les jeunes plants en extérieur, inutile d'attendre la dernière date de gel, car les épinards résistent aux températures négatives, jusqu'à - 5 °C. S'ils supportent bien la fraîcheur, ne renoncez cependant pas à poser des cloches sur les contenants. Ils protégeront également les plants des limaces qui, sinon, se régaleront avant vous de ce délicieux légume. Repiquez les plants à au moins 10 cm de distance. Les épinards n'exigent pas de soins particuliers, hormis un arrosage régulier pour maintenir le sol humide. Fertilisez avec un produit à forte concentration d'azote et de potassium pour garantir aux tiges et aux feuilles une croissance optimale.

LA RÉCOLTE

Comptez 2 ou 3 mois entre le semis et à la récolte. La cueillette des feuilles stimule la croissance d'autres feuilles. Dans tous les cas, récoltez avant l'arrivée de l'été pour éviter que les plants fleurissent. Sauf si vous voulez récupérer des graines ; dans ce cas, laissez un plant en place pour qu'il fleurisse. Récoltez les feuilles des autres plants et savourez ce légume aux multiples bienfaits.

CONSEILS

N'oubliez pas : les épinards s'accommodent parfaitement des températures fraîches. Vous pouvez donc les semer dès le début du printemps ainsi qu'à la fin de l'été – pour une récolte à la fin de l'automne.
Parmi les nombreuses variétés d'épinards disponibles à la vente, je recommande particulièrement le 'Géant d'hiver', résistante au froid. Vous pourrez récolter ses grandes feuilles durant tout l'hiver.
Dès que la plante forme suffisamment des feuilles, cueillez-les régulièrement une par une. Vous stimulerez ainsi leur croissance.
Les épinards réduisent beaucoup à la cuisson. Il convient donc de prévoir un grand nombre de plants de manière à obtenir des portions de taille correcte dans votre assiette.

DENSITÉ
• 6 plants par pot de 12 litres.
• 6 plants par jardinière.
• 12 plants par table de jardinage.

EXPOSITION
• Soleil ou mi-ombre.

SEMIS EN INTÉRIEUR
• 8 à 10 semaines avant la dernière date de gel de printemps.
• 12 semaines avant la dernière date de gel d'automne/hiver.

CYCLE DE CROISSANCE
• 2 ou 3 mois.

CYCLE VÉGÉTATIF
• Annuel.

ARROSAGE

ENTRETIEN

ESPACE

PAK-CHOÏ
NUTRITIF ET PARFUMÉ

Le pak-choï apportera une note exotique sur votre balcon. Ce chou chinois est considéré comme un superaliment : ses feuilles sont riches en vitamines C, K1 et A, et elles contiennent également du calcium, du magnésium, du manganèse et du fer. Ce légume de culture facile supporte les faibles gelées. Avec l'aide d'un couvercle de protection, j'ai même réussi une année à le récolter pendant tout l'hiver. En temps normal, il se cultive du printemps au début de l'hiver. Par temps chaud, en été, il fleurit et monte à graines rapidement.

LES SEMIS

Vous pouvez entreprendre les semis en intérieur 6 semaines avant la dernière date de gel de printemps, et 10 semaines avant la première date de gel d'automne/hiver. Au cœur de l'été, les températures sont trop élevées, et la croissance est trop rapide. Les graines se sèment à 1 cm de profondeur, à raison d'une graine par pot, et elles germent généralement au bout de 7 jours. Dès que les premières petites feuilles apparaissent, repiquez les jeunes plants en extérieur.

LE DÉVELOPPEMENT

Le pak-choï se cultive très facilement, autant dans des pots que des jardinières ou des tables de jardinage. Repiquez les jeunes plants à 15 cm de distance, après la dernière date de gel de printemps. Attention : les escargots et les limaces raffolent des feuilles de pak-choï ! Ce chou ne nécessite pas de soins particuliers, hormis un arrosage régulier, de manière à maintenir le sol humide en permanence. Un fertilisant à forte concentration en azote et en potassium boostera la croissance des tiges et des savoureuses feuilles.

LA RÉCOLTE

Comptez 2 ou 3 mois entre le semis et la récolte. Comme pour les épinards, récoltez le pak-choï feuille par feuille afin de stimuler la croissance de nouvelles feuilles. Ce chou affectionne les températures fraîches et il doit être récolté avant l'été pour éviter qu'il ne fleurisse et monte à graines trop rapidement. Les jeunes feuilles se consomment crues en salade. Cuites, elles entrent dans la préparation des plats asiatiques. Les tiges sont également comestibles.

— CONSEILS —

Je vous recommande la variété 'Xianggang Heiyebaicai', qui se sème autant au début du printemps qu'à la fin de l'été. Elle n'est pas toujours facile à trouver, mais elle vaut la peine de persévérer. Ses feuilles, délicieuses, se récoltent encore en décembre.

La variété 'Tai Sai' est parfaitement adaptée à une récolte en automne. Elle produit des feuilles aux tiges épaisses, blanches, particulièrement savoureuses. Attention : le terreau doit rester humide en permanence pour éviter une floraison précoce. Le paillage aide à préserver l'humidité du sol.

DENSITÉ

- 1 plant par pot de 4 litres.
- 2 plants par jardinière de 10 litres.
- 8 plants par table de jardinage.

EXPOSITION

- Soleil ou mi-ombre.

SEMIS EN INTÉRIEUR

- 6 semaines avant la dernière date de gel de printemps.
- 10 semaines avant la dernière date de gel d'automne/hiver.

CYCLE DE CROISSANCE

- 2 ou 3 mois.

CYCLE VÉGÉTATIF

- Annuel.

ARROSAGE

ENTRETIEN

ESPACE

NAVETS
TENDRES ET DOUX

Les navets ont été une véritable révélation pour moi. Je n'avais jamais osé en manger avant de me lancer dans le jardinage, mais depuis que j'en fais pousser, je ne peux plus m'en passer ! Ils se prêtent à toutes sortes de préparations savoureuses (crus en carpaccio, sautés à la poêle ou gratinés au four). Autre atout de ce légume : peu calorique et riche en nutriments, il est également très sain. On distingue les navets de printemps et les navets d'automne. Les premiers se sèment au début du printemps et se récoltent en mai ; les seconds se cultivent plus tard dans l'année. Je considère plutôt les navets comme un légume d'automne et d'hiver, mais certaines variétés peuvent être cultivées presque tout au long de l'année.

LES SEMIS

Selon la période de récolte souhaitée, vous pouvez commencer les semis 4 semaines avant la dernière date de gel de printemps, ou 12 semaines avant la dernière date de gel d'automne. Semez les graines à 1 cm de profondeur, à raison d'une graine par pot. Elles germent au bout de 4 à 10 jours. Dès que trois ou quatre petites feuilles sont formées, vous pouvez repiquer les plants en extérieur.

LE DÉVELOPPEMENT

Repiquez les plants après la dernière date de gel de printemps ou à la fin de l'été, pour une récolte en automne. Les navets tolérant quelques degrés en dessous de zéro, vous pouvez aussi les repiquer un peu plus tard pendant l'automne, à condition de les protéger avec des cloches. Les navets ont besoin de place pour se développer, je vous conseille donc de les cultiver dans de grandes jardinières ou une table de jardinage. Installez les plants à 20 cm de distance au moins. Ils n'exigent pas de soins particuliers, hormis un arrosage régulier pour maintenir le sol humide en permanence. Au départ, fertilisez avec un produit à forte concentration en azote et en potassium. Privilégiez ensuite les apports de phosphore pour booster la croissance des racines.

LA RÉCOLTE

Comptez 2 ou 3 mois entre le semis et la récolte. Eh oui, il vous faudra patienter ! Beaucoup plus gros que les radis, les navets ont besoin de davantage de temps pour se développer. Résistez à la tentation de les récolter trop tôt. Le moment de la récolte dépend de la variété que vous cultivez : lisez les informations à ce sujet figurant sur les sachets. Certaines variétés présentent une forme arrondie, d'autres sont plutôt allongées. Ces dernières se développent en profondeur dans le sol et font penser à de très gros radis.

CONSEILS

Si vous souhaitez récolter des navets au printemps et en été, je vous recommande la variété 'Purple Top Milan', qui se distingue par son grand collet violacé.
Pour une récolte en automne ou en hiver, la variété 'Marteau' convient parfaitement. Ses racines blanches, de forme cylindrique, poussent en profondeur et offrent une chair tendre et sucrée.

Les navets sont sujets aux attaques de la mouche du chou, dont les larves creusent des trous et des galeries dans les racines. Pour éviter ce désagrément, protégez les plants avec un voile à mailles fines.
Vous manquez d'idées pour consommer les navets ? Essayez le carpaccio : émincez finement des navets fraîchement récoltés, puis ajoutez du sel, du poivre, de l'huile d'olive et du gingembre en poudre. Savoureux et rafraîchissant !

DENSITÉ
- 3 plants par jardinière.
- 8 plants par table de jardinage.

EXPOSITION
- Soleil ou mi-ombre.

SEMIS EN INTÉRIEUR
- 4 semaines avant la dernière date de gel de printemps.
- 12 semaines avant la dernière date de gel d'automne/hiver.

CYCLE DE CROISSANCE
- 2 ou 3 mois.

CYCLE VÉGÉTATIF
- Annuel.

ARROSAGE

ENTRETIEN

ESPACE

FENOUIL BULBEUX
DÉLICAT ET DIGESTE

Le fenouil se prête idéalement à la culture sur un balcon. On peut s'émerveiller devant cette plante étonnante : ses côtes charnues, prolongées par un feuillage aérien, s'imbriquent pour former un bulbe renflé. Toutes les parties de la plante sont comestibles : le bulbe, qui se cuisine comme un légume, mais également le feuillage finement découpé, qui s'utilise comme une herbe aromatique et rehausse les plats de sa délicate saveur anisée.

LES SEMIS

Le fenouil affectionne les températures fraîches ; par temps chaud, il fleurit rapidement. Selon la région où vous habitez, vous avez deux possibilités : si les étés ne sont pas trop chauds, commencez les semis de 4 à 6 semaines avant la dernière date de gel de printemps. Avec un temps frais, les plants ne fleuriront pas. En revanche, dans une région aux étés chauds, commencez les semis 10 semaines avant la dernière date de gel de printemps ou 10 semaines avant la première date de gel d'automne. Semez à 1 cm de profondeur, à raison d'une graine par pot. Les graines germent au bout de 8 à 14 jours. Dès que la tige est robuste et que les feuilles commencent à apparaître, les plants sont bons à être repiqués.

LE DÉVELOPPEMENT

Le fenouil supporte les gelées. Même si les plants sont tombés sur le sol et qu'ils donnent l'impression d'être morts, ils sont capables de se relever. Dans une région aux étés frais, repiquez les jeunes plants en extérieur juste après la dernière date de gel de printemps. Dans une région aux étés chauds, repiquez les plants 2 ou 3 semaines avant la dernière date de gel de printemps, en prenant soin cependant de les protéger avec des cloches. Vous pouvez également choisir d'attendre la fin de l'été.

Le fenouil s'enracine profondément, car il a besoin de beaucoup d'espace pour former de beaux bulbes. Prévoyez donc un pot de 12 litres au moins pour un plant. Lorsque les bulbes sont presque à maturité, buttez-les en amassant de la terre autour des plants, dans la partie inférieure. Cette technique se pratique pour que les bulbes continuent à grandir en restant blancs et tendres. Veillez à pailler et à arroser régulièrement pour maintenir le terreau en permanence humide. Pendant la phase de développement, fertilisez toutes les 2 ou 3 semaines avec un produit à forte concentration en azote et en potassium.

LA RÉCOLTE

Comptez de 2 à 3 mois entre le semis et la récolte. Vous pouvez commencer à cueillir le feuillage et l'utiliser comme une herbe aromatique. Récoltez les bulbes lorsqu'ils ont atteint leur pleine maturité. La récolte doit être terminée avant qu'il ne fasse trop chaud, pour éviter que les plants fleurissent. Si c'est le cas, les abeilles et autres pollinisateurs se réjouiront et vous remercieront de mettre à leur disposition de si jolies fleurs jaunes. Productive et goûteuse, la variété 'Petit déjeuner français' offre l'équilibre parfait entre taille et saveur.

CONSEILS

Les nombreuses variétés de fenouil se répartissent en deux groupes : le fenouil officinal, dont le feuillage s'utilise comme une herbe aromatique et les graines comme condiment, ainsi que dans les infusions ; le fenouil bulbeux, qui se consomme comme un légume. Vous avez le choix !

Le feuillage s'utilise frais ou séché, pour relever les plats de sa saveur anisée.

Je vais vous confier l'un de mes petits secrets de jardinier urbain : j'adore couper l'extrémité d'une côte de fenouil et la grignoter, un vrai délice, rafraîchissant à souhait !

DENSITÉ
- 1 plant par pot de 12 litres.

EXPOSITION
- Soleil ou mi-ombre.

SEMIS EN INTÉRIEUR
- 4 semaines avant la dernière date de gel de printemps.
- 10 semaines avant la dernière date de gel d'automne/hiver.

CYCLE DE CROISSANCE
- 2 ou 3 mois.

CYCLE VÉGÉTATIF
- Annuel ou bisannuel.

ARROSAGE 

ENTRETIEN 

ESPACE 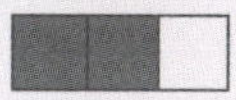

BROCOLI
IMPOSANT ET NOURRISSANT

Cuit à la vapeur aussitôt après avoir été récolté, le brocoli est un vrai régal. Excellente pour la santé, cette espèce apparentée au chou-fleur contient quantité de fibres, du fer, du potassium, ainsi que des vitamines C et K. Il y a beaucoup de variétés à découvrir (pas seulement vertes, mais également violettes !). Je sème le brocoli à la fin de l'été pour le récolter en hiver (une culture au printemps et en été se traduit bien souvent par une floraison précoce). Par ailleurs, le brocoli tolérant le gel, il est tout à fait adapté à la saison froide.

LES SEMIS

Le brocoli se sème de 10 à 12 semaines avant la première date de gel d'automne, de préférence à raison d'une graine par pot, et à 2 cm de profondeur. Les graines germent au bout de 4 à 6 jours. Dès que les jeunes plants portent 4 ou 5 petites feuilles, il est temps de les repiquer.

LE DÉVELOPPEMENT

Le brocoli a besoin de place pour pousser : prévoyez un pot de 18 litres pour chaque plant. Il exige aussi beaucoup d'eau : il est donc conseillé de pailler régulièrement pour préserver l'humidité du sol. Pendant la phase de développement, pensez à fertiliser toutes les deux semaines avec un produit à forte concentration en azote et en potassium, afin de booster la croissance.

LA RÉCOLTE

Entre le semis et la récolte, comptez de 3 à 4 mois selon la variété. Pour récolter le brocoli, coupez la tige légèrement au-dessus de l'endroit où elle commence à se ramifier. Une fois la principale tête coupée, la plante émet des rejets qui produisent à leur tour de petites têtes, que vous pourrez cueillir ensuite. Le brocoli se conserve au réfrigérateur et se consomme de préférence dans les 3 ou 4 jours.

Veillez à le récolter avant l'arrivée des températures douces, afin d'éviter une floraison précoce. Si les têtes vous paraissent trop petites pour être récoltées, laissez-les aux pollinisateurs, ils seront ravis. Par ailleurs, après la floraison, le brocoli produit des graines qui attirent les pucerons en masse. En été, je laisse volontiers pousser un plant de brocoli pour qu'il serve de piège à pucerons, c'est très efficace !

Les fleurs produisent à leur tour des gousses qui contiennent de petites graines rondes. Vous pouvez récolter les gousses lorsqu'elles brunissent et les laisser sécher pour entreprendre de nouveaux semis. Sachez néanmoins que le séchage est assez long, et que la récolte des graines n'est pas des plus faciles.

CONSEILS

Avant de vous décider pour une variété, lisez attentivement les informations figurant sur les sachets de graines. La plupart ont un cycle de croissance de 3 ou 4 mois, voire moins. Mais certaines ont besoin d'une année entière, et sont donc plutôt adaptées à une culture dans un potager classique. 'De Cicco' et 'Waltham' sont des variétés paysannes anciennes qui poussent vite et se cultivent parfaitement sur un balcon.

Laissez pousser un plant de brocoli en été. Ses fleurs sont jolies, et dès que les graines commencent à se former, elles attirent les pucerons, qui laissent alors les autres plantes tranquilles. Arrosez régulièrement pour maintenir le plant en vie.
Les petits bouquets de brocoli peuvent se consommer crus, en petites quantités. Essayez !

DENSITÉ
- 1 plant par pot de 18 litres.

EXPOSITION
- Soleil ou mi-ombre.

SEMIS EN INTÉRIEUR
- De 10 à 12 semaines avant la dernière date de gel d'automne/hiver.

CYCLE DE CROISSANCE
- 3 ou 4 mois.

CYCLE VÉGÉTATIF
- Annuel ou bisannuel.

ARROSAGE

ENTRETIEN

ESPACE

HERBES AROMATIQUES

DES FEUILLES PARFUMÉES POUR REHAUSSER LES PLATS

Cultiver des herbes aromatiques sur son balcon, c'est simple comme bonjour ! Vous pourrez faire pousser toutes sortes d'espèces au fil des saisons. Certaines sont annuelles, d'autres pluriannuelles ou même vivaces (elles repoussent chaque année).

LES SEMIS

Les graines de la plupart des herbes aromatiques sont de petite taille. Elles se sèment à raison d'une graine par pot, à 1 cm de profondeur (moins pour celles qui ont besoin de lumière pour germer). Nombre d'entre elles exigent une température de germination d'environ 20 °C (basilic, origan, persil, romarin, thym, mélisse officinale). Certaines se sèment en intérieur, d'autres directement en extérieur : reportez-vous au tableau de la page ci-contre.

LE DÉVELOPPEMENT

Lorsque les pousses portent quelques petites feuilles, elles peuvent être repiquées en extérieur, à condition que tout risque de gel soit écarté. Les aromatiques s'accommodent généralement de petits pots (par exemple 4 litres par plant). Je préfère les cultiver dans des pots que dans des jardinières, car certaines espèces telles que la menthe et la mélisse officinale ont tendance à s'étaler. Étant donné que l'on récolte les feuilles, il suffit de fertiliser une fois par mois avec un produit à forte concentration en azote et en potassium. Les soins se réduisent au minimum. Des nuisibles comme les pucerons peuvent s'attaquer aux feuilles tendres, pensez à les inspecter régulièrement, et en cas d'invasion, agissez au plus vite.

LA RÉCOLTE

Pour récolter les feuilles parfumées, prélevez une tige entière ou quelques feuilles avec des ciseaux, selon vos besoins. Pour reproduire les plantes, reportez-vous au chapitre sur les boutures (p. 186), la technique est facile et utile.

CONSEILS

Les herbes aromatiques poussent bien dans de petits pots. Laissez libre cours à votre créativité : aménagez-leur un joli espace dans un coin de votre balcon ou sur un rebord de fenêtre.
De nombreuses espèces se reproduisent par boutres (voir le chapitre consacré à cette technique, p. 186). Une fois que vous la maîtriserez, vous n'aurez plus besoin d'acheter de graines.
Protégées avec un voile d'hivernage, certaines aromatiques résistent au froid en hiver. C'est par exemple le cas de la menthe, de l'origan, du persil, du romarin, du thym et de la mélisse officinale.

Le basilic se cultive facilement dans de petits pots.

PLANTES AROMATIQUES	DÉBUT DES SEMIS	EXPOSITION	CYCLE VÉGÉTATIF
Aneth	En extérieur, après la dernière date de gel de printemps.	Soleil à mi-ombre.	Annuel.
Basilic	En intérieur, 6 semaines avant la dernière date de gel de printemps.	Soleil.	Annuel en extérieur, ne résiste pas à l'hiver.
Ciboulette	En intérieur, 4 semaines avant la dernière date de gel de printemps.	Soleil à mi-ombre.	Vivace, résiste à l'hiver.
Coriandre	En extérieur, après la dernière date de gel de printemps.	Mi-ombre.	Annuel.
Mélisse officinale	En intérieur, 6 semaines avant la dernière date de gel de printemps.	Soleil, mi-ombre, ombre.	Vivace, résiste à l'hiver.
Menthe	En extérieur, après la dernière date de gel de printemps.	Soleil à mi-ombre.	Vivace, résiste à l'hiver.
Origan	En extérieur, après la dernière date de gel de printemps.	Soleil à mi-ombre.	Vivace, résiste à l'hiver.
Persil	En intérieur, 6 semaines avant la dernière date de gel de printemps.	Soleil, mi-ombre, ombre.	Bisannuel.
Romarin	En extérieur, après la dernière date de gel de printemps.	Soleil à mi-ombre.	Vivace, résiste à l'hiver avec protection.
Thym	En intérieur, 6 semaines avant la dernière date de gel de printemps.	Soleil, mi-ombre, ombre.	Vivace, résiste à l'hiver.

PETIT COURS SUPPLÉMENTAIRE SUR LA CULTURE DES TOMATES

Qui n'a jamais rêvé de récolter des tomates fraîches, goûteuses et délicieusement parfumées ? Croyez-moi : les tomates de votre propre récolte n'auront rien à voir avec celles achetées en supermarché, elles seront beaucoup plus savoureuses. Vous redécouvrirez le vrai goût de ces fruits et la diversité des saveurs offertes par les innombrables variétés anciennes. N'attendez pas pour les essayer !

Dans les pages qui suivent, je sépare la culture des petites tomates de celle des tomates de taille moyenne à grosse. La méthode est globalement la même. La différence réside dans la taille du contenant définitif : les tomates de taille moyenne à grosse exigent bien entendu des pots plus grands que les petites, connues sous le nom de tomates cerises, ou tomates cocktail.

Faire pousser des tomates sur son balcon est une aventure passionnante, et vous constaterez vite que vous entretenez une relation très particulière avec ces fruits délicats. Leur culture exige un peu de patience – la récolte se fait attendre –, mais c'est une expérience si gratifiante que vous ne regretterez pas le temps passé à bichonner vos plants de tomates.

Pour pouvoir récolter des tomates, vous devez protéger impérativement les plants de la pluie. Le feuillage ne supporte pas l'eau, qui provoque des maladies cryptogamiques comme le mildiou ou la nécrose apicale, qui affaiblissent les plants et peuvent conduire à leur mort. À vous donc de trouver sur votre balcon un emplacement abrité de la pluie, mais également bien ensoleillé. Si vous ne disposez que d'un petit coin répondant à ces deux critères, réservez-le à tout prix à vos plants de tomates !

Variétés à port déterminé ou indéterminé ?

Avant d'acheter vos graines et d'entreprendre vos semis, il vous faudra choisir le type de tomates que vous souhaitez cultiver. Les sachets de graines indiquent s'il s'agit d'une variété à port (ou croissance) déterminé ou indéterminé.

- **Les variétés de tomates à croissance déterminée** ne dépassent pas une certaine hauteur (environ 1,50 m). Leur production est abondante, mais brève. Leur croissance s'arrête ensuite.

- **Les variétés de tomates à croissance indéterminée** peuvent dépasser 2 m de hauteur. Elles produisent moins de fruits en même temps, mais en continu, sur une période plus longue. Elles survivent souvent jusqu'aux premières gelées d'automne ou d'hiver.

Maintenant que vous connaissez la différence entre ces deux types de tomates, vous voici devant un choix difficile : lesquelles cultiver ? La décision vous appartient, et elle dépend en partie de la place dont vous disposez sur votre balcon. Si l'espace vertical ainsi que la surface au sol sont limités, optez pour des variétés à croissance déterminée. Elles prendront moins de place, et elles vous permettront d'en cultiver plusieurs, ou d'autres légumes en même temps.

Si vous avez la chance d'avoir davantage de place, vous pouvez essayer des variétés à croissance indéterminée, mais il faut vous attendre à voir une luxuriante jungle prendre possession de votre balcon. De simples tuteurs en bambou ne suffiront pas pour attacher les tiges, qui sont souvent plus grosses que les tuteurs. Des supports solides et suffisamment hauts s'imposeront pour maintenir les plants en place.

LES SEMIS

Cette phase est particulièrement importante dans la culture des tomates, car vous devez leur offrir les conditions optimales dès le départ. Commencez les semis entre 6 et 8 semaines avant la dernière date de gel de printemps. La culture des semis s'effectue en deux étapes :

❶ Semez les graines à 1 cm de profondeur, à raison d'une seule par pot. Dans l'idéal, la température de la pièce doit être supérieure à 20 °C. Une fois les graines en terre, arrosez régulièrement et modérément : le sol doit rester en permanence humide, mais sans être inondé. En règle générale, les tomates germent au bout de 10 à 12 jours maximum. Installez vos semis devant une fenêtre ou – mieux – sous une lampe de culture. Plus ils recevront de lumière, mieux il se développeront. Dès qu'apparaissent une tige et plusieurs feuilles, passez à l'étape suivante.

❷ Repiquez les plantules dans des contenants plus grands pour leur offrir davantage de terreau, de place, de nouveaux nutriments, et stimuler ainsi leur croissance. Vous pouvez utiliser de petits pots de fleurs, mais également recycler des objets comme des bouteilles en plastique, que vous couperez en deux. Pensez simplement à percer des trous pour le drainage ! Laissez pousser les plantules jusqu'à ce qu'elles atteignent de 20 à 30 cm de hauteur. Si les tiges vous paraissent trop fragiles, attachez-les à de petits tuteurs que vous enfoncez dans le sol.

③ Environ 2 semaines après la dernière date de gel, vient le moment d'endurcir les plants. Il s'agit de les habituer progressivement aux conditions de vie en extérieur (les variations de température, le vent, le soleil). Commencez par les sortir deux ou trois heures par jour, puis de plus en plus longtemps, et protégez-les la nuit avec des cloches. Lorsque nous exposons notre peau au soleil, après l'hiver, nous attrapons des coups de soleil si nous ne la protégeons pas. C'est la même chose avec les plants de tomates : au départ, ne les exposez pas au soleil direct. Je vous conseille de mettre en place cette technique pour tous les jeunes plants qui ont été semés en intérieur.

LE DÉVELOPPEMENT

- **Le repiquage en extérieur :** avant d'installer les plants en extérieur dans leurs contenants définitifs, assurez-vous que tout risque de gelée est écarté. Une seule nuit de gel sans protection peut réduire à néant tout le travail que vous aurez accompli auparavant. Apprenez à être patient·e : la nature a son propre rythme, que nous devons respecter. Nous n'avons pas d'autre choix que de nous y adapter. Lorsqu'il n'y a plus de risque de gel, que le temps est doux et ensoleillé, vous pouvez repiquer vos plants à leur emplacement définitif.

Supprimez les deux feuilles basales et enfoncez la tige de sorte que les premières vraies feuilles arrivent à environ 5 cm au-dessus du sol. Au départ, protégez les plants avec des cloches ou des voiles. Prenez toutes les précautions nécessaires au moment du repiquage : même si les plants paraissent vigoureux, les tiges restent fragiles et se cassent facilement. Attachez-les à des tuteurs. Et n'oubliez pas d'ajouter des étiquettes pour savoir quelle variété vous avez plantée lorsque vous dégusterez ses fruits délicieux.

- **La fertilisation et l'égourmandage :** deux semaines après, prenez soin de fertiliser avec un produit à forte concentration en azote et en potassium pour booster la croissance de la tige et des feuilles.
À ce stade de la croissance, un autre soin s'impose : l'égourmandage. Il s'agit d'éliminer les gourmands – les petites pousses latérales qui se développent entre la tige principale et les tiges secondaires. Pourquoi les supprimer ? Parce que ces pousses, qui produisent ensuite davantage de feuilles, moins de fleurs et des fruits plus petits, épuisent la plante en lui prenant de l'énergie et des nutriments. L'objectif n'est-il pas de privilégier la qualité plutôt que la quantité ? En éliminant les gourmands, vous récolterez moins de tomates, mais des fruits plus gros et plus parfumés.

La technique est simple : pincez les plus petits avec les doigts, coupez les autres à l'aide d'un sécateur. Lorsque la plante atteint environ 1 m de hauteur, vous pouvez laisser pousser les gourmands supérieurs.

Coupez les gourmands avec un sécateur à l'aisselle des feuilles. Plus vous en éliminez, plus le plan produira de fleurs, et donc de tomates.

CONSEILS

Si vous disposez d'un espace restreint ou si le toit de votre balcon est bas, optez pour des variétés à port déterminé.

La culture des semis en deux étapes est essentielle pour obtenir des plants de tomates sains et vigoureux. Et pensez à la lumière ! Une lampe de culture stimule grandement la croissance.

N'oubliez pas que les jeunes plants de tomates supportent difficilement le soleil. En conséquence, habituez-les progressivement aux conditions extérieures.

Faites preuve de patience ! Attendez que tout risque de gel soit écarté pour repiquer les plants en extérieur.

Protégez les plants de la pluie et ne mouillez surtout pas les feuilles : arrosez au pied des tiges.

Pensez à les égourmander une fois par semaine, car ils produisent sans arrêt des gourmands. Coupez les pousses inutiles à la base : vous stimulerez la croissance de la partie supérieure.

LA PHASE DE FLORAISON

Vous n'allez pas tarder à voir apparaître de petites fleurs jaunes, qui donneront ensuite naissance à de délicieuses tomates.

• **La fertilisation :** optez pour un produit à forte concentration en phosphore et en potassium. Il stimulera la formation des fleurs et offrira à la plante les nutriments nécessaires pour produire les premiers fruits. La taille : ce soin indispensable consiste à supprimer les feuilles à la base de chaque pousse, c'est-à-dire en dessous de la première grappe de tomates. Elles sont inutiles pour la croissance de la plante et la fructification. En bas de la tige principale, vous remarquerez deux à quatre pousses latérales qui ne portent pas de fleurs et qui ne produiront pas de fruits : coupez-les également. L'énergie qu'elles prennent à la plante sera ainsi redistribuée utilement.

• **La pollinisation :** lorsque les fleurs apparaissent, elles doivent être pollinisées. Le vent et les insectes se chargent généralement de cette tâche. Mais pour être sûr·e que la pollinisation aura lieu, vous pouvez intervenir manuellement. Tapotez doucement l'arrière de la fleur avec le doigt, ou prenez l'une des pousses principales et secouez-la légèrement. C'est le meilleur moyen de vous assurer que le pollen des anthères mâles atteint le stigmate des parties femelles.

LA RÉCOLTE

Vous attendez sans doute impatiemment de pouvoir goûter à vos premières tomates. Deux critères sont à prendre en compte pour savoir si elles ont atteint leur maturité. Tout d'abord la couleur, qui dépend de la variété. Elle peut être rouge, jaune ou encore violacée, quand certaines variétés restent vertes à maturité. Ensuite, la fermeté. La tomate est-elle souple sous une légère pression du doigt ? Prenez connaissance des informations figurant sur les sachets de graines pour connaître le bon moment de la récolte. Faites des cueillettes régulières de sorte que la plante concentre son énergie dans la formation de nouveaux fruits, et continuez à lui fournir des apports de phosphore.

À la fin de l'été, les plants commencent à flétrir. C'est normal, car à nos latitudes, les journées raccourcissent et les températures fraîchissent, ce qui rend les plants sujets aux maladies. Ils sont si affaiblis qu'il est inutile de les rentrer pour les conserver. La tomate se cultive donc comme une plante annuelle. Certaines variétés produisent des fruits jusqu'aux premières gelées.

CONSEILS

Un arrosage régulier est l'une des clés de la réussite : il est préférable d'arroser un peu tous les deux jours plutôt que beaucoup tous les quatre jours.
En paillant au bon moment, vous éviterez que le sol ne s'assèche trop rapidement en été – vous économiserez ainsi de l'eau et des efforts.
Il se peut que vos plants de tomates soient victimes de l'oïdium, une maladie qui se manifeste par un feutrage blanc sur les feuilles. Agissez sans attendre : diluez 2 cuillerées à café d'huile de neem dans 1 litre d'eau, et pulvérisez le mélange sur les feuilles.
Les cueillettes régulières stimulent la production de nouvelles tomates.

PETITES TOMATES
DES BONBONS À PROFUSION

Cultiver et grignoter des mini-tomates est l'un de mes plus grands plaisirs de jardinier urbain. Souvent, j'en ramasse quelques-unes le matin pour accompagner mon petit déjeuner. Ces tomates offrent une diversité incroyable de tailles, de formes, de couleurs et de saveurs. Elles métamorphoseront votre balcon ou votre terrasse en une oasis multicolore.

Chaque plant de petites tomates exige un pot de 10 à 12 litres. Elles s'accommoderont aussi très bien d'une contenance plus grande : plus les plants auront de place, plus leur croissance sera facilitée. Je vous indique ci-dessous les variétés que je vous recommande tout particulièrement :

• ***'Verde Claro'*** : ses fruits à la saveur à la fois douce et acide restent verts à maturité. Pour savoir s'ils sont bons à être récoltés, touchez-les. Ils sont mûrs lorsqu'ils sont souples sous les doigts. Ils tombent parfois d'eux-mêmes.

'Verde Claro'

• ***Dancing with the Smurfs'*** : danser avec les Schtroumpfs ? Un conte qui devient réalité sur votre balcon, avec cette étonnante variété vert-violet à la saveur exceptionnelle.

'Dancing with the Smurfs'

• ***'Gold Nugget'*** : ces jolies petites tomates jaunes sont juteuses et goûteuses. En mûrissant, elles prennent une couleur jaune à orange.

• ***'Abracazebra'*** : ses fruits aromatiques ressemblent à ceux de la variété 'Green Zebra', mais en plus petit, avec un collet d'un vert soutenu et un gel vert clair autour des graines.

'Red Fig'

'Peacevine'

• ***'Red Fig'* :** ces tomates ressemblent davantage à de minuscules poires qu'à des figues. Elles peuvent être cueillies lorsqu'elles sont rouges. Elles restent fermes à maturité et se prêtent parfaitement à la préparation de salades.

• ***'Peacevine'*** : une mention particulière pour cette variété ! C'est celle qui revendique la teneur la plus élevée en vitamine C parmi toutes les tomates cerises. Et les plants produisent sans interruption pendant tout l'été.

DENSITÉ

• 1 plant par pot de 10 à 12 litres.

EXPOSITION

• Soleil.

SEMIS EN INTÉRIEUR

• De 6 à 8 semaines avant la dernière date de gel de printemps.

CYCLE DE CROISSANCE

• 4 ou 5 mois.

CYCLE VÉGÉTATIF

• Annuel sous nos latitudes.

ARROSAGE 

ENTRETIEN 

ESPACE 

GROSSES TOMATES
JUTEUSES OU CHARNUES, TOUJOURS SUCCULENTES

Rien ne vous empêche de faire pousser des tomates de taille moyenne ou grosse sur votre balcon ; elles auront simplement besoin de grands pots. C'est une évidence : des plantes qui portent des fruits gros et lourds doivent être grandes et robustes. Je recommande donc des contenants d'au moins 18 à 20 litres. Avant de commander les graines, assurez-vous que la variété que vous avez choisie est adaptée à la culture en pot. Ces variétés de tomates se développant en hauteur, des supports et des tuteurs sont indispensables pour éviter que les branches ne cassent. En dehors des tuteurs, installez un treillis ou fixez des crochets au plafond ou au toit pour y attacher le haut des plants avec de la ficelle.

Ci-dessous figurent mes variétés préférées, que je vous invite vivement à faire pousser :

- ***'Marmande'*** : cette variété française ancienne produit des fruits rouges de taille moyenne. Il s'agit d'une variété à croissance semi-déterminée, qui se développe moyennement en hauteur, mais davantage que celles à croissance déterminée. Ses fruits juteux et charnus parviennent même à maturité au début de l'été, lorsque les températures ne sont pas encore très élevées.

- ***'Green Zebra'*** : cette variété verte se prête parfaitement à la préparation des salades. Ses fruits séduisent autant les papilles que l'œil avec leur peau jaune rayée de vert foncé. Pour savoir si les tomates sont bonnes à être récoltées, appuyez délicatement dessus : elles doivent être légèrement molles. Autre indice : la couleur jaune domine entre les rayures vertes.

- ***'Indigo'*** : ses fruits de taille moyenne offrent une saveur sucrée et parfumée. Au fur et à mesure qu'ils mûrissent, leur couleur évolue du vert au violet foncé.

Tomates rouges classiques

'Green Zebra'

'San Marzano'

- ***'San Marzano'*** : les fruits de cette variété productive, de forme allongée, sont tout indiqués pour la confection de délicieuses sauces tomates. Croyez-moi sur parole : une fois que vous aurez fabriqué vous-même votre sauce tomate, vous n'achèterez plus jamais celles des supermarchés !

- ***'Ananas noire'*** : cette tomate multicolore, de taille moyenne, présente de jolies marbrures vert foncé à orange, voire rouge foncé. Ses fruits charnus contiennent davantage de vitamine C que la plupart des variétés de cette taille.

DENSITÉ
- 1 plant par pot de 18 à 20 litres.

EXPOSITION
- Soleil.

SEMIS EN INTÉRIEUR
- De 6 à 8 semaines avant la dernière date de gel de printemps.

CYCLE DE CROISSANCE
- 5 ou 6 mois.

CYCLE VÉGÉTATIF
- Annuel sous nos latitudes.

ARROSAGE

ENTRETIEN

ESPACE

COURGETTES
TENDRES ET SUCCULENTES

Eh oui, vous pouvez cultiver des courgettes avec succès sur votre balcon ! Avec les fruits de ma première récolte, j'ai littéralement redécouvert le goût authentique de ce merveilleux trésor de l'été. Sa chair est si aromatique et si tendre qu'elle fond dans la bouche. Et je m'étonne toujours qu'une plante cultivée en pot puisse produire des fruits aussi volumineux, que l'on récolte ensuite et partage avec tant de bonheur. Il existe d'innombrables variétés de courgettes. Oubliez celles des supermarchés – vertes, de forme allongée –, il y a un tel choix de tailles, de formes et de couleurs. Testez-les... et régalez-vous !

LES SEMIS

Les graines de courgette sont beaucoup plus grosses que celles des autres légumes, et les jeunes plants sont vraiment imposants ! Quand on sait que les graines germent au bout de 7 à 10 jours, on en déduit facilement que la courgette est une plante vigoureuse. Les pots à semis doivent donc être suffisamment grands (de la taille d'une demi-bouteille d'eau). Semez les graines à 2 cm de profondeur. Comme elles ont besoin de conditions chaudes et lumineuses pour germer, une lampe de culture est vivement conseillée. Les plants se développant rapidement, on fait généralement les semis après ceux des tomates – environ 4 semaines avant la dernière date de gel de printemps.

LE DÉVELOPPEMENT

Les plants peuvent être repiqués en extérieur après la dernière gelée et après avoir été endurcis (voir p. 161). Les températures nocturnes ne doivent pas descendre en dessous de 15 °C. Pour un développement optimal, comptez un grand pot d'au moins 18 à 20 litres par plant. Paillez aussitôt après le repiquage et protégez les plants avec des cloches si les nuits sont fraîches.

Deux semaines après, fertilisez avec un **produit à forte concentration en azote et en potassium** pour stimuler la croissance de la tige et des feuilles. Dès le départ, prenez soin d'installer un support ou des tuteurs. La tige épaisse a besoin d'être **guidée** et **soutenue** pour pousser **verticalement**. Le mieux est sans doute d'adosser le pot contre un mur muni de crochets ou la rambarde du balcon pour y attacher la tige. La plante grandira ainsi verticalement, ce qui représentera un gain de place appréciable si vous disposez d'un espace réduit. Si ce n'est pas possible, enfoncez dans le terreau un gros tuteur en bambou ou un bâton en bois solide pour y attacher la tige. Il ne vous restera plus qu'à suivre la croissance de la plante en ajoutant des liens de plus en plus haut.

LA PHASE DE FLORAISON

Dès l'apparition des premières fleurs, changez de fertilisant et optez pour un **produit à forte concentration en phosphore et en potassium**. Pensez aussi à la pollinisation à ce stade : chaque nouvelle courgette cache une histoire d'amour ! Un même plant réunit des fleurs mâles et des fleurs femelles qui se différencient nettement les unes des autres. La fleur mâle a un pédoncule long et fin ; la fleur femelle un pédoncule court et épais (il portera ensuite un fruit lourd), ainsi qu'un ovaire nettement identifiable (même avant la fécondation).

La formation d'une courgette implique qu'un pollinisateur butine d'abord une fleur mâle, puis une fleur femelle. Si les visites des abeilles et des bourdons sont peu fréquentes sur votre balcon, vous pouvez favoriser la rencontre amoureuse manuellement. À l'aide d'un Coton-Tige®, prélevez un peu de pollen sur une fleur mâle et déposez-le délicatement sur le pistil d'une fleur femelle.

Si vous avez suffisamment de place, faites pousser deux plants de courgette : vous augmenterez ainsi les chances de réussir la pollinisation.

Attention !

La courgette est sujette à l'**oïdium**, également appelé « blanc ». Cette maladie cryptogamique se manifeste par l'apparition de taches circulaires blanches et poudreuses, qui s'étendent peu à peu sur les deux faces des feuilles. Celles-ci se dessèchent et tombent prématurément, provoquant l'affaiblissement du plant.

Dès que vous repérez les premiers signes de la maladie sur les feuilles, prenez les mesures qui s'imposent. Les spores du champignon se propagent par l'air et peuvent infester d'autres plantes situées à proximité.

Ma variété de courgette préférée est la 'Black Beauty'. Sa chair est incroyablement tendre et goûteuse à souhait.

Heureusement, il existe un moyen de lutte simple et efficace contre l'oïdium. Pulvérisez le plant atteint avec du lait frais bio dilué dans de l'eau (dans une proportion de 1 volume pour 8, c'est-à-dire 100 ml de lait pour 800 ml d'eau). Les bactéries lactiques du lait frais agissent comme un antifongique.

Répétez l'opération trois fois par semaine. Si vous ne constatez pas d'amélioration, coupez les feuilles atteintes. Veillez cependant à ne pas toucher les autres plantes avec ces feuilles pour éviter de leur transmettre la maladie. Jetez-les à la poubelle, pas au compost.

Attention !

Ne confondez pas les taches blanches irrégulières de l'oïdium avec les motifs blancs, plus réguliers, des feuilles de certaines variétés de courgettes !

LA RÉCOLTE

Représentez-vous une courgette comme une fusée. Pour pouvoir monter haut dans le ciel, elle doit se débarrasser de son propulseur à la base. La courgette produit une tige principale qui porte des feuilles et des fruits. Pour pouvoir continuer à grandir, elle doit perdre les feuilles et les fruits qui se trouvent à la base.

N'attendez pas trop pour récolter vos courgettes, cueillez-les lorsqu'elles sont encore relativement petites, même avec les fleurs, qui sont également comestibles et savoureuses. Les jeunes courgettes sont un vrai délice. Une récolte précoce stimule la production de fruits dans la partie supérieure de la plante. Lorsque vous voyez que les feuilles basales jaunissent et flétrissent, n'hésitez pas à les couper ; ce geste profitera largement à la plante, qui poursuivra sa croissance en hauteur. Par ailleurs, la taille des feuilles réduit le risque de maladie. Après la récolte des premières courgettes, continuez à fertiliser avec un produit à teneur élevée en phosphore et en potassium.

CONSEILS

Récoltez si possible les courgettes jeunes. Elles sont plus savoureuses lorsqu'elles ne sont pas encore trop grosses (de 10 à 14 cm de longueur). Par ailleurs, une récolte précoce stimule la croissance de la plante et la production de fruits.
Pensez à pailler les plants de courgettes pour maintenir le sol humide en permanence.
Éliminez les feuilles inférieures, surtout celles qui jaunissent – et sans attendre !
Il arrive parfois, pendant le développement d'un fruit, que l'extrémité inférieure commence à se ratatiner et à pourrir. Un arrosage irrégulier ou une carence en nutriments peut être à l'origine de cette maladie, appelée nécrose apicale. Pour la prévenir, fertilisez abondamment toutes les deux semaines, surtout avec du calcium et du magnésium.

DENSITÉ
• 1 plant par pot de 18 litres.

EXPOSITION
• Soleil ou mi-ombre.

SEMIS EN INTÉRIEUR
• 4 semaines avant la dernière date de gel de printemps.

CYCLE DE CROISSANCE
• 5 ou 6 mois.

CYCLE VÉGÉTATIF
• Annuel.

ARROSAGE 

ENTRETIEN 

ESPACE 

AUBERGINES
CHARNUES ET LUISANTES

Encore une espèce tout indiquée pour votre potager de balcon ! Très nourrissante, l'aubergine s'accommode parfaitement d'une culture en pot. Elle produit de grandes feuilles ovales, douces au toucher. Les nombreuses variétés invitent à les tester tour à tour, d'autant plus que l'aubergine n'est pas une plante fragile, sujette aux maladies. Seul petit bémol : elle sollicite notre patience, car sa croissance est longue – comptez 5 ou 6 mois entre le semis et la récolte.

LES SEMIS

L'aubergine exige de la chaleur pour se développer de manière optimale. Raison pour laquelle on ne la repique en extérieur qu'après les dernières gelées de printemps, et à condition que les températures nocturnes ne descendent pas en dessous de 15 °C. Faites le semis de préférence 8 semaines avant la dernière date de gel de printemps. Lisez attentivement les informations figurant sur le sachet ; elles précisent parfois s'il est nécessaire de lever la dormance des graines.

Dans ce cas, il suffit de laisser le sachet une semaine dans le bac à légumes du réfrigérateur. C'est seulement à cette condition que les graines germeront ; sinon, vous perdrez votre temps ! Les graines étant petites, semez-les à 1 cm de profondeur, puis arrosez-les régulièrement. Normalement, elles germent au bout de 7 à 10 jours, à une température comprise entre 22 et 24 °C.

Vous pouvez semer directement dans des pots de taille moyenne ou repiquer ensuite les plantules dans des contenants plus grands, comme des bouteilles en plastique coupées en deux au milieu – c'est ainsi que je procède. La culture des semis en deux étapes (voir p. 160) donne d'excellents résultats.

LE DÉVELOPPEMENT

Les plants ayant besoin de chaleur pour se développer, **repiquez-les en extérieur** uniquement lorsque tout risque de gel est écarté et que les températures nocturnes sont supérieures à 15 °C. Pensez aussi à les endurcir (voir p. 161). Paillez aussitôt après le repiquage, et au départ, protégez-les la nuit avec des cloches. Réservez-leur l'un des emplacements les plus ensoleillés de votre balcon, car ils ont besoin de soleil et de chaleur pour donner le meilleur d'eux-mêmes.

Pendant cette phase de sa croissance, l'aubergine exige des apports réguliers de nutriments. **Fertilisez** une fois tous les quinze jours avec un produit à forte concentration d'azote et de potassium.

N'oubliez pas de l'**égourmander** : comme la tomate, l'aubergine produit des gourmands – pousses latérales inutiles – à la base et à l'aisselle des feuilles. Coupez-les avec les doigts lorsqu'ils sont encore petits. La plante pourra ainsi concentrer son énergie sur la croissance de la tige principale, la production des fleurs et des fruits.

LA PHASE DE FLORAISON

Dès que vous voyez apparaître de jolies fleurs violettes, **changez de fertilisant** : optez pour un **produit à forte concentration de phosphore et de potassium**.

Le moment de la pollinisation est arrivé ! Comme les fleurs de la tomate, celles de l'aubergine réunissent des parties mâles et des parties femelles. Vous pouvez donc effectuer vous-même la pollinisation. C'est un jeu d'enfant : tapotez doucement l'arrière des fleurs avec le doigt ou secouez délicatement la tige. Bien sûr, vous pouvez aussi choisir de confier la pollinisation au vent et aux insectes.

LA RÉCOLTE

Une fois les fruits parvenus à maturité, il ne vous reste plus qu'à les récolter. N'essayez pas de tirer dessus avec la main, car ils sont attachés fermement à la tige.

Coupez-les à l'aide d'un couteau ou d'un sécateur. Attention : certaines variétés portent de petites épines à la base des fruits ainsi que sur les tiges. Le moment de la récolte dépend beaucoup de la variété.
Après avoir cueilli les premières aubergines, continuez à fertiliser avec un produit à teneur élevée en phosphore et en potassium, afin de stimuler la production d'autres fruits.

Originaire d'Inde, l'aubergine est une plante vivace. Cependant, dans les régions au climat tempéré, elle ne résiste pas aux hivers et se cultive généralement comme une annuelle.

CONSEILS

Avant d'entreprendre le semis, vérifiez sur le sachet si la variété exige de lever la dormance des graines.
Si vous remarquez que beaucoup de fleurs tombent, cela peut signifier qu'elles n'ont pas été pollinisées ou que la plante n'a pas été suffisamment arrosée.
De nombreuses variétés méritent d'être découvertes. 'Little Fingers' produit de petites aubergines à la chair extrêmement tendre, qui se prêtent idéalement aux grillades estivales.
Si vous préférez les grosses aubergines, choisissez plutôt des variétés telles que 'Listada de Gandia', aux fruits ovales de couleur crème rayée de rose-mauve, ou 'Violette de Florence', aux fruits ronds violet pâle striés de blanc. Des pots de grande taille sont nécessaires pour ces variétés.
Une mention particulière revient à la variété 'Bianca Oval', pour sa forme et sa couleur qui évoquent celles d'un œuf.

DENSITÉ
• 1 plant par pot de 18 litres.

EXPOSITION
• Soleil.

SEMIS EN INTÉRIEUR
• 8 semaines avant la dernière date de gel de printemps.

CYCLE DE CROISSANCE
• 5 ou 6 mois.

CYCLE VÉGÉTATIF
• Annuel à nos latitudes.

ARROSAGE

ENTRETIEN

ESPACE

« Quoi de plus gratifiant que de voir pousser et de récolter les fruits et légumes bio de sa propre production ? »

CONCOMBRE
DÉLICE ESTIVAL

En dégustant le premier concombre de ma récolte, j'ai fait une découverte stupéfiante : le concombre a du goût. Sérieusement ! De quoi faire les gros titres des journaux : « Découverte d'un concombre goûteux. » Je m'étais habitué aux concombres à la saveur uniforme, presque insipides, rafraîchissants en été, mais toujours fades. En faisant pousser vous-même vos concombres, vous pourrez essayer différentes variétés pour découvrir des nuances de saveurs. La croissance des concombres étant incontrôlable, prévoyez de la place !

LES SEMIS

Quatre semaines avant la dernière date de gel de printemps, semez les graines à 2 cm de profondeur. Les plantules ressemblent à celles de la courgette : elles annoncent des plantes vigoureuses. Dans une pièce chaude, les graines germent au bout de 6 à 10 jours. Dès que les plants ont 3 petites feuilles, repiquez-les dans des pots plus grands, mais gardez-les en intérieur, si possible sous une lampe de culture.

LE DÉVELOPPEMENT

Les plants peuvent être **repiqués en extérieur** dès qu'ils ont 6 feuilles et que les températures sont supérieures à 15 °C. Pensez à les endurcir (voir p. 161). En dépotant les plants, vous voyez les racines robustes. Le système racinaire du concombre joue un rôle majeur, et il exige un pot d'au moins 18 litres pour un développement optimal. N'oubliez pas de pailler et placez les pots dans un endroit très ensoleillé. Pendant la phase de développement, le concombre a besoin d'apports réguliers de nutriments. Fertilisez une fois tous les quinze jours avec un produit à forte concentration en azote et en potassium.

Très vite, un **support ou des tuteurs s'imposent** : le concombre pousse aussi bien verticalement qu'horizontalement. La rambarde du balcon est idéale pour le maintenir au fur et à mesure qu'il grandit. Sinon, enfoncez trois tuteurs en bambou dans le terreau pour y attacher la plante.

LA PHASE DE FLORAISON

Dès l'apparition de petites fleurs jaunes, changez de fertilisant : optez pour un **produit à forte concentration en phosphore et en potassium**.

Le moment est venu de **penser à la pollinisation** : comme la courgette, le concombre réunit des fleurs mâles et des fleurs femelles sur un même plant ; deux plants augmenteront donc les chances de réussite. Les fleurs mâles ont un pédoncule fin ; chez les fleurs femelles, le pédoncule est remplacé par un mini-concombre à l'extrémité duquel se trouve la fleur qui, une fois fécondée, se transforme en concombre. Les bourdons butinent volontiers les fleurs jaunes. Je me suis souvent demandé pourquoi des insectes aussi gros et aussi lourds visitent des fleurs aussi petites, mais ils le font volontiers, et nous n'allons pas nous en plaindre. La pollinisation manuelle est également possible : à l'aide d'un petit pinceau, prélevez un peu de pollen sur la fleur mâle, puis déposez-le sur la fleur femelle.

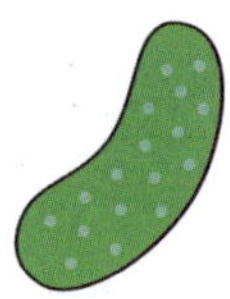

LA RÉCOLTE

En se développant, les concombres deviennent plus gros, mais aussi plus lourds, d'où l'importance d'attacher la tige principale. Le moment de la récolte dépend de la variété. On peut estimer généralement à l'œil lorsqu'ils sont à maturité. Coupez la tige juste au-dessus du concombre. Il ne vous reste plus qu'à le peler (si vous le souhaitez) et à le déguster, pourquoi pas dans une salade composée ?

Lorsque vous avez récolté les premiers spécimens, poursuivez les apports de phosphore et de potassium. Et si les feuilles basales jaunissent ou brunissent, coupez-les.

CONSEILS

Parmi les variétés les plus courantes, je recommande 'Green Finger' et 'Le Généreux'.
Si vous vous lassez des concombres classiques, faites pousser des variétés telles que 'Crystal Apple', 'Edmonson' ou 'Kaiser Alexander', qui se différencient par la saveur, la couleur et la forme.
Si vous préférez peler les concombres, jetez les déchets dans votre seau à bokashi.

Vous pouvez aussi essayer le cucamelon, également appelé concombre à confire, ou mini-concombre du Mexique. Ses petits fruits de la taille d'olives ont le goût du concombre avec un arrière-goût de citron vert. Ils se mangent en salade, à la croque au sel ou confits au vinaigre.

DENSITÉ
• 1 plant par pot de 18 litres.

EXPOSITION
• Soleil.

SEMIS EN INTÉRIEUR
• 4 semaines avant la dernière date de gel de printemps.

CYCLE DE CROISSANCE
• 5 ou 6 mois.

CYCLE VÉGÉTATIF
• Annuel.

ARROSAGE

ENTRETIEN

ESPACE

POIVRON
UNE MERVEILLE DOUCE-AMÈRE

Quel plaisir de cultiver des poivrons ! Consommée crue, la chair de cet incontournable de l'été est délicieusement rafraîchissante. Et il ne manque pas de bienfaits pour la santé : source de potassium, de calcium, de magnésium et de zinc, il est aussi très riche en vitamine C – un superaliment, en quelque sorte. Je m'étonne toujours de voir de si petites fleurs produire des fruits aussi gros. Patience, cependant : le poivron a besoin de temps pour se développer. Il a aussi des exigences, du moins au début, car il lui faut beaucoup de chaleur pour germer et grandir. Mais vos efforts seront largement récompensés et vous aurez bientôt hâte d'essayer d'autres variétés, tant elles sont nombreuses.

LES SEMIS

Les graines germant lentement, effectuez le semis 8 à 10 semaines avant la dernière date de gel de printemps. Semez les graines à 2 cm de profondeur, à raison d'une seule par pot. Elles germent généralement au bout d'1 à 3 semaines avec une température d'au moins 20 °C. De petits pots à semis suffisent au départ, mais dès que les plantules comptent quatre petites feuilles, repiquez-les dans des contenants plus grands (pots d'1 litre ou demi-bouteilles coupées en deux au milieu).

LE DÉVELOPPEMENT

Ne précipitez pas le **repiquage** en extérieur. Après plusieurs semaines en intérieur, les jeunes plants ont suffisamment grandi pour être repiqués dans des pots de 12 litres. Laissez-les cependant en intérieur tant que les températures restent en dessous de 15 °C. Prenez soin de les endurcir (voir p. 161) et de pailler avant de les installer en extérieur, dans un emplacement bien ensoleillé. Au début de la phase de développement, fertilisez une fois tous les quinze jours avec un **produit à forte concentration en azote et en potassium**.

Prévoyez à tout prix un **support ou un tuteur en bambou** pour maintenir la plante en équilibre et éviter que la tige principale ne casse en cas de vent fort.

LA PHASE DE FLORAISON

Dès l'apparition de petites fleurs blanches, changez de fertilisant et optez pour un produit à forte concentration en phosphore et en potassium. Et n'oubliez pas de **polliniser les fleurs** ! Comme celles de la tomate, les fleurs du poivron réunissent les organes mâles et les organes femelles. Pour favoriser la pollinisation, tapotez doucement l'arrière des fleurs avec le doigt ou utilisez un pinceau.

Comme les plants de tomate, les plants de poivron n'aiment pas la pluie, mais ils ont besoin de beaucoup d'eau. En conséquence, veillez à maintenir le terreau humide en permanence.

LA RÉCOLTE

Pour cueillir les poivrons, coupez le pédoncule à l'aide d'un sécateur. Vérifiez au préalable s'ils sont mûrs en les touchant délicatement : ils doivent être légèrement mous. Après avoir récolté les premiers spécimens, poursuivez les apports de phosphore et de potassium.

Le poivron est une plante vivace, ou pérenne. Vous pouvez le garder à l'intérieur pendant l'hiver et le ressortir au printemps suivant. Rentrez-le dès qu'il fait froid, car la plante ne tolère pas le gel. Prenez soin au préalable de l'inspecter minutieusement pour vérifier l'absence de ravageurs. Installez le pot devant une fenêtre de sorte qu'il reçoive suffisamment de lumière naturelle. Si la température de la pièce est d'environ 10 °C, la plante passera l'hiver en état de repos végétatif. Inutile de la fertiliser.

Si elle perd quelques feuilles, ne vous inquiétez pas. Arrosez lorsque le sol s'assèche et vérifiez régulièrement s'il y a des pucerons. Si vous en trouvez, écrasez-les avec les doigts. À une température d'environ 20 °C, la plante poursuit sa croissance et produit des fruits ; elle exige alors une fertilisation et des quantités d'eau plus importantes.

L'année suivante, deux semaines avant la dernière date de gel de printemps, rempotez-la dans du terreau frais. Elle ne tardera pas à produire de nouvelles pousses. Dès que la température extérieure remonte au-dessus de 15 °C, sortez-la et fertilisez-la. Un nouveau cycle de croissance commence !

— CONSEILS —

Pour stimuler la croissance, on recommande de supprimer la fleur « reine ». Il s'agit de celle qui se forme dans la ramification entre la tige principale et la première pousse latérale. Détachez-la tout simplement avec les doigts. Ainsi, au lieu de concentrer son énergie dans la formation de ce fruit, la plante en produira beaucoup d'autres.

CONSEILS

Le poivron est une plante vivace, ou pérenne. Il peut vivre plusieurs années, et à condition d'être protégé du gel, il produira des fruits chaque année. Ne sous-estimez pas les besoins des jeunes plants en matière de chaleur : la température ne doit pas descendre en dessous de 20 °C.
Parmi les différentes variétés de poivron, je vous recommande 'Orange Bell', 'Purple Beauty' et 'Sweet Chocolate'.
Si vous aimez les saveurs piquantes, pourquoi ne pas essayer les piments tels que le 'Cuneo' ? Ou ceux qui, en raison de leur forme évoquant des cornes de vache, sont regroupés sous le nom de 'Cow Horn Chili' ?

Petite précision

Les poivrons et les piments sont étroitement apparentés. Leur culture et leurs exigences sont identiques. La différence ? Les poivrons ne contiennent pas de capsaïcine, la substance à l'origine de la sensation piquante, voire brûlante, provoquée par les piments.

DENSITÉ
• 1 plant par pot de 12 litres.

EXPOSITION
• Soleil.

SEMIS EN INTÉRIEUR
• De 8 à 10 semaines avant la dernière date de gel de printemps.

CYCLE DE CROISSANCE
• 5 ou 6 mois.

CYCLE VÉGÉTATIF
• Pérenne, avec hivernage.

ARROSAGE 

ENTRETIEN 

ESPACE 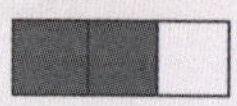

FRAISES
DES FRUITS IRRÉSISTIBLES

Imaginez-vous déguster au petit déjeuner ou au dessert des fraises tout juste cueillies sur votre balcon… Chacun sait que celles achetées dans les supermarchés sont bourrées de pesticides. J'ai plusieurs bonnes nouvelles pour vous. Les fraises peuvent se cultiver dans des pots relativement petits, et les plants se multiplient très facilement par les stolons : un seul plant donne naissance à beaucoup d'autres, comme par magie ! Enfin, le fraisier est une plante vivace, qui produit chaque année de nouveaux fruits, à condition d'être protégée du gel.

LES SEMIS

Les graines se sèment en intérieur dès le milieu de l'hiver, à raison d'une seule par pot. Ne les recouvrez pas de terreau, car elles ont besoin de lumière pour germer. Dans une pièce lumineuse avec une température minimale de 20 °C, elles germent généralement au bout d'1 à 6 semaines. Six semaines après, repiquez les plantules dans des pots plus grands remplis de terreau frais.

LE DÉVELOPPEMENT

Dès que les jeunes plants portent plusieurs petites feuilles, ils peuvent être **repiqués en extérieur au printemps**. Inutile d'attendre les dernières gelées, car ils supportent quelques degrés en dessous de 0 °C. Protégez-les simplement avec un voile d'hivernage ou une cloche si les nuits sont encore froides. Les fraisiers s'accommodent de pots relativement petits : comptez un pot de 5 litres pour 1 plant, ou une jardinière de 10 litres pour 2 plants. N'oubliez pas de pailler et placez le contenant dans un endroit bien ensoleillé. Au début de la phase de développement, **fertilisez** une fois tous les quinze jours avec un produit à forte concentration en azote et en potassium.

Lorsque les feuilles sont grandes, les premiers boutons de fleurs apparaissent. Si c'est la première saison de végétation, éliminez-les à tout prix – faites-moi confiance ! Vous ne récolterez pas les premières fraises en juin, seulement plus tard dans l'année. **En supprimant les premières fleurs, vous redonnez de l'énergie à la plante**, qui s'en servira pour développer son système racinaire. La deuxième année, vous n'avez plus besoin d'éliminer les premières fleurs. La plante est désormais vigoureuse et elle produit beaucoup de fruits.

LA PHASE DE FLORAISON

Fertilisez avec un produit à forte concentration en phosphore et en potassium. Par l'intermédiaire des stolons qu'ils produisent, les plants de fraisiers se multiplient facilement. Les stolons sortent du contenant à la recherche d'un nouveau substrat. Si vous souhaitez obtenir de nouveaux plants, placez les rosettes de feuilles qui se forment sur les stolons dans des pots avec du terreau frais. Posez-les à la surface, sans les enterrer, puis arrosez : elles ne tarderont pas à s'enraciner. Quelques semaines après, coupez les stolons (ils relient les « bébés fraisiers » au plant mère). Vous obtenez ainsi de nouveaux fraisiers.

Si vous ne souhaitez pas multiplier la plante, vous pouvez couper tous les stolons à l'aide d'un sécateur. La plante concentrera alors son énergie dans la formation des fruits.

LA RÉCOLTE

Quoi de plus facile ? Dès que les fraises sont rouges à point, cueillez-les et régalez-vous ! Après la première cueillette, continuez à fertiliser avec un produit à teneur élevée en phosphore et en potassium. En hiver, laissez la plante au repos, mais pensez à la protéger des fortes gelées avec un voile d'hivernage. Les feuilles et les tiges brunissent (c'est tout à fait normal).

Au printemps suivant, coupez les parties brunes pour stimuler la croissance. La plante produit de nouvelles feuilles, puis des quantités de fleurs. Fertilisez comme indiqué plus haut. Vous allez de nouveau pouvoir récolter et savourer ces fruits irrésistibles !

CONSEILS

Les plants de fraisiers se reproduisent facilement par marcottage : un seul plant produit souvent de nombreux stolons.
Les plantes vivaces résistent au gel et donnent de nouveaux fruits l'année suivante.
En dehors des fraises classiques, vous pouvez cultiver des fraises des bois. Ces baies sont plus petites, mais très parfumées.

Si vos graines ne germent pas, vous pouvez vous procurer de jeunes plants dans les jardineries ou sur les marchés. Il suffira de les transplanter dans des pots plus grands ou dans une jardinière en arrivant chez vous.

DENSITÉ
- 1 plant par pot de 5 litres.
- 2 plants par jardinière de 10 litres.

EXPOSITION
- Soleil ou mi-ombre.

SEMIS EN INTÉRIEUR
- De 12 à 14 semaines avant la dernière date de gel de printemps.

CYCLE DE CROISSANCE
- 5 ou 6 mois.

CYCLE VÉGÉTATIF
- Pérenne ou vivace (résiste à l'hiver).

ARROSAGE 

ENTRETIEN 

ESPACE 

AUTRE POSSIBILITÉ DE CULTURE EN INTÉRIEUR : LES BOUTURES

Beaucoup de plantes peuvent se multiplier facilement, soit par les graines que vous récoltez et faites sécher, soit par les stolons, comme chez le fraisier. Une autre technique permet de multiplier les plantes sans débourser le moindre sou : le bouturage.

Il suffit de prélever une pousse sur une plante et de la mettre dans un récipient avec un peu d'eau. Au bout d'une ou deux semaines, elle s'enracine, et vous pouvez la planter dans un pot rempli de terreau frais.

Le bouturage donne d'excellents résultats avec les plantes aromatiques (basilic, menthe, origan, romarin, thym). Si vous avez cultivé vous-même ces plantes à partir de graines, vous pouvez faire sans arrêt des boutures pour obtenir de nouveaux plants. Plus intéressant encore : vous vous souvenez de ce pot de basilic que j'avais acheté dans un supermarché, qui a rendu l'âme au bout de quelques jours et qui a fini de me convaincre que je n'avais pas la main verte ? Eh bien, même une plante de supermarché se prête au bouturage : laissez une pousse s'enraciner et plantez-la, c'est tout ! Plus besoin d'acheter des aromates du commerce.

Avec les plants de tomates également, le bouturage fonctionne très bien. On les égourmande au début de la phase de développement pour stimuler la croissance en hauteur, et les pousses coupées s'enracinent elles aussi dans un peu d'eau pour vous offrir de nouveaux plants de tomates. Décidément, la nature est vraiment généreuse !

LA MULTIPLICATION VÉGÉTATIVE ÉTAPE PAR ÉTAPE

Cette méthode permet de donner naissance à une plante fille ayant les mêmes caractéristiques génétiques que la plante mère. Vous pouvez reproduire une espèce donnée par bouturage pendant des années. Voici comment procéder :

❶ À l'aide d'un sécateur, prélevez une longue pousse sur la plante à reproduire.

❷ Éliminez les feuilles à la base de la pousse. Un bourrelet appelé « cal » – d'où partiront les racines – apparaîtra à cet endroit.

❸ Mettez la pousse dans un verre avec un peu d'eau du robinet. Attention : les feuilles ne doivent pas tremper dans l'eau.

❹ Placez le verre dans un endroit lumineux, mais à l'abri du soleil direct.

❺ Changez l'eau tous les 3 ou 4 jours.

❻ Une ou deux semaines après apparaissent de fines racines.

❼ Lorsque les racines atteignent 2 à 4 cm de longueur, il est temps de planter la pousse.

❽ Remplissez un pot de 2 à 4 litres de terreau frais et arrosez. Creusez un trou avec un crayon, déposez-y délicatement la pousse enracinée et tassez le terreau tout autour.

Vous venez de donner naissance à une nouvelle plante ! La méthode est d'une simplicité enfantine et permet de multiplier une plante autant qu'on le souhaite. La prochaine fois que vous irez chez des amis jardiniers, profitez-en pour leur demander une bouture de basilic thaï ou de n'importe quelle autre plante qui vous intéresse, puis en arrivant chez vous, bouturez !

DÉLICIEUSES ET BONNES POUR LA SANTÉ : LES GRAINES GERMÉES

Rien de plus facile que de faire pousser des graines germées. Vous n'avez même pas besoin d'un emplacement en extérieur, sur un balcon ou une terrasse. Riches en vitamines et en nutriments essentiels, les graines germées complèteront à merveille les salades de votre potager. Pour vous simplifier la tâche, procurez-vous sur Internet ou dans un magasin bio un germoir ou un bocal en verre conçu à cet effet (avec un couvercle grillagé et un support). Prenez des graines que vous avez produites vous-même. Mes préférées sont les graines d'alfalfa, de radis et de haricots mungos, mais beaucoup d'autres peuvent également convenir.

FAIRE POUSSER DES GRAINES GERMÉES ÉTAPE PAR ÉTAPE

Ces savoureuses bombes nutritionnelles se cultivent facilement sur un rebord de fenêtre.

❶ Dévissez le couvercle du bocal.

❷ Couvrez le fond du bocal avec une épaisse couche de graines de votre choix (il vous en faudra une bonne quantité).

❸ Ajoutez de l'eau, puis vissez le couvercle et laissez tremper les graines de 10 à 12 heures. Le bocal doit être posé à la verticale, pour éviter que l'eau ne s'écoule.

Videz l'eau en laissant les graines à l'intérieur du bocal, puis posez le bocal tête en bas sur le support.

❹ Rincez les graines à l'eau claire matin et soir. Videz l'eau, puis reposez le bocal tête en bas sur le support.

❺ Quelques jours après apparaissent les premières pousses. Au bout d'une semaine à une semaine et demie, vous pouvez récolter et déguster les graines germées.

Un jeu d'enfant ! La marche à suivre est si simple qu'elle vous permet de disposer de graines germées en permanence chez vous. Elles se conservent quelques jours au réfrigérateur. Personnellement, je m'en passe difficilement : elles sont très nutritives et elles rehaussent les plats de leur note insolite. Essayez-les dans vos salades et vos sandwichs. Vous découvrirez toute une gamme de saveurs étonnantes.

BONNE CHANCE DANS VOTRE
PETIT PARADIS VERT !

Si vous lisez ces lignes, c'est que le reste du livre a retenu votre attention, et je vous en remercie. J'y ai investi toute ma passion pour le jardinage urbain et mon amour pour la nature. J'ai voulu partager avec vous mon expérience de la culture des légumes et des fruits sur un balcon, et j'espère avoir réussi à vous convaincre de vous lancer à votre tour dans cette aventure.

Sur les pages suivantes, vous trouverez un calendrier des semis, qui a pour but de vous aider à concrétiser votre rêve de potager au cœur de la ville. Il indique les dates de semis pour chacune des espèces que nous avons vues ensemble.

Je vous souhaite du fond de mon cœur un fabuleux voyage dans l'univers merveilleux du jardinage urbain. Vous ne le regretterez sûrement pas ! N'hésitez pas à me contacter sur :

- mon site Internet www.thefrenchiegardener.com
- mon compte Instagram @thefrenchiegardener.

Faites-moi part de vos commentaires, de vos idées et de vos suggestions sur le sujet. Envoyez-moi des photos de votre potager de balcon. Je serai ravi de pouvoir participer à votre aventure.

Un immense merci à tous les membres de l'équipe des Éditions ZS Verlag pour leur confiance et leur aide pendant la réalisation de ce livre – pour leurs mots d'encouragement et leur assistance dans la rédaction, la réécriture, l'adaptation et la relecture des épreuves.

**Et à mes lectrices et à mes lecteurs :
bonne chance dans votre petit paradis vert !**

POUR UN TIMING PARFAIT :
LE CALENDRIER DES SEMIS

Je vous donne ce calendrier à titre indicatif. Il doit être adapté à votre zone climatique, à vos saisons, à votre microclimat, ainsi qu'aux variétés que vous choisirez ! Voilà pourquoi je ne précise pas les mois, comme dans les calendriers habituels. Prenez soin de planifier vos semis en fonction de la *dernière* date de gel de printemps et de la *première* date de gel d'automne/hiver dans la ville où *vous* résidez.

DU SEMIS À LA RÉCOLTE	PREMIER SEMIS AVANT LA **DERNIÈRE** GELÉE	DERNIER SEMIS AVANT LA **PREMIÈRE** GELÉE*
Fraises 5 ou 6 mois	12 à 14 semaines avant	–
Poivron 5 ou 6 mois	8 à 10 semaines avant	–
Épinards 2 ou 3 mois	8 à 10 semaines avant	12 semaines avant
Grosses tomates 4 ou 5 mois	6 à 8 semaines avant	–
Petites tomates 5 ou 6 mois	8 semaines avant	–
Aubergines 5 ou 6 mois	8 semaines avant	–

*Choisissez des variétés rustiques, qui résistent au froid.

DU SEMIS À LA RÉCOLTE	PREMIER SEMIS AVANT LA **DERNIÈRE** GELÉE	DERNIER SEMIS AVANT LA **PREMIÈRE** GELÉE*
Ciboulette 3 mois	8 semaines avant	12 à 14 semaines avant
Basilic 1 ou 2 mois	6 semaines avant	16 à 18 semaines avant
Pak-choï 2 ou 3 mois	6 semaines avant	10 semaines avant
Persil 2 ou 3 mois	6 semaines avant	12 semaines avant
Thym 3 mois	6 semaines avant	12 à 14 semaines avant
Mélisse officinale 3 mois	6 semaines avant	12 à 14 semaines avant
Pois 2 ou 3 mois	4 semaines avant	12 semaines avant
Laitue 2 ou 3 mois	4 semaines avant	8 semaines avant
Chou kale 3 mois	4 semaines avant	6 semaines avant
Concombre 5 ou 6 mois	4 semaines avant	–
Pommes de terre 3 ou 4 mois	4 semaines avant	–
Fenouil bulbeux 2 ou 3 mois	4 semaines avant	10 semaines avant
Blettes 2 ou 3 mois	4 semaines avant	10 semaines avant

*Choisissez des variétés rustiques, qui résistent au froid.

DU SEMIS À LA RÉCOLTE	PREMIER SEMIS AVANT LA **DERNIÈRE** GELÉE	DERNIER SEMIS AVANT LA **PREMIÈRE** GELÉE*
Carotte 3 mois	4 semaines avant	12 semaines avant
Navet 2 ou 3 mois	4 semaines avant	12 semaines avant
Courgette 5 ou 6 mois	4 semaines avant	–
Radis 1 ou 2 mois	Semer en extérieur après la dernière gelée	4 semaines avant
Aneth 2 ou 3 mois	Semer en extérieur après la dernière gelée	12 à 14 semaines avant
Coriandre 2 ou 3 mois	Semer en extérieur après la dernière gelée	12 à 14 semaines avant
Menthe 3 ou 4 mois	Semer en extérieur après la dernière gelée	12 à 14 semaines avant
Origan 3 mois	Semer en extérieur après la dernière gelée	12 à 14 semaines avant
Romarin 3 mois	Semer en extérieur après la dernière gelée	12 à 14 semaines avant
Brocoli 3 ou 4 mois	–	10 à 12 semaines avant

*Choisissez des variétés rustiques, qui résistent au froid.

CONCEVEZ VOTRE BALCON

Avant d'acheter le matériel et les plantes nécessaires pour aménager votre balcon en potager, schématisez-le d'abord rapidement ci-contre. Indiquez-y des informations essentielles comme ses dimensions, son orientation par rapport au soleil, s'il est abrité… Vous aurez ainsi une vue d'ensemble de votre balcon, ce qui vous aidera à choisir quoi cultiver et à acheter des récipients à la taille adaptée.

- **Dimensions :** ....
- **Exposition :** ....
- **Points forts :** ....
- **Points faibles :** ....
- **Autres :** ....

Conseil

N'hésitez pas à revenir plusieurs fois à ce schéma pendant votre aventure de jardinier urbain ! Au fur et à mesure que vous gagnerez en expérience, vous pourriez avoir envie d'ajouter d'autres fruits et légumes auxquels vous n'aviez pas pensé au début. Votre balcon-potager se créera progressivement et évoluera avec vous !

JOURNAL DE BORD

Créer un balcon-potager est une belle aventure, souvent mouvementée ! Cet espace est à vous : notez-y vos observations, des infos à ne pas oublier (dosages, période d'arrosage, marque d'un produit...), des astuces...

À PROPOS DE L'AUTEUR

Patrick Vernuccio est un citadin qui est né et a grandi à Paris. En 2018, il plante ses premières tomates sur son petit balcon, au cœur d'Amsterdam. La découverte des premières pousses signera le début de son histoire d'amour avec le jardinage urbain.

Aujourd'hui, il vit à Berlin et récolte toute l'année quantité de fruits et de légumes sur son balcon de 18 m^2. Sous le nom de **The Frenchie Gardener**, ce jardinier autodidacte et facilitateur anime un blog de jardinage et un compte Instagram. Il collabore régulièrement avec des magazines dédiés aux jardins. Il partage également sa passion du jardinage urbain et écologique dans des podcasts et des salons.

GREEN
LOVE

INDEX

D

E

F

R

S

Crédits iconographiques
Illustrations originales : **© Sabine Schröder**
Photographies originales : **© Sabine Gudath**
À l'exception des photographies suivantes : **© Shutterstock** Only background (fond kraft p. 2-3 ; 92-93 ; 94-95 ; 96-97 ; 116-117 ; 120-121 ; 196-197 ; 198-199 ; 202-207) ; Sergey Bezverhiy (p. 23) ; Agropolis (p. 28) ; woraatep suppavas (p. 29) ; (p. 58) ; Cornelia Pithart (p. 58) ; Jacquie Klose (p. 59) ; cherryyblossom (p. 77) ; johan kusuma (p. 78) ; Kosobu (p. 79) ; Elho (p. 96) ; Kattecat (p. 102) ; Angelina Dimitrova (p. 103) ; Kaiskynet Studio (p. 181).

Édition originale
Cet ouvrage a été publié pour la première fois en 2022 en allemand par ZS Verlag sous le titre
The Frenchie Gardener – Dein eigenes Gemüse & Obst auf Balkon und Terrasse.

Édition française
Direction de la publication : Isabelle Jeuge-Maynart et Ghislaine Stora
Direction éditoriale : Émilie Franc et Julie Martin
Édition : Philippine Richard
Traduction : Christine Chareyre
Relecture-correction : Sophie Jutier
Direction artistique : Géraldine Lamy
Couverture : Paul Godot
Conception graphique et mise en pages : Studio Asplenium
Fabrication : Donia Faiz

ISBN : 978-2-03-602977-4

Pour les Éditions Larousse, le principe est d'utiliser des papiers composés de fibres naturelles, renouvelables, recyclables et fabriquées à partir de bois issus de forêts qui adoptent un système d'aménagement durable. En outre, les Éditions Larousse attendent de leurs fournisseurs de papier qu'ils s'inscrivent dans une démarche de certification environnementale reconnue.

Imprimé en Espagne par Macrolibros S. L.
Dépôt légal : février 2024
334661/01 – 11053674 – décembre 2023

PAPIER À BASE DE FIBRES CERTIFIÉES

LAROUSSE s'engage pour l'environnement en réduisant l'empreinte carbone de ses livres. Celle de cet exemplaire est de :
1,3 kg éq. CO_2
Rendez-vous sur www.larousse-durable.fr